"一带一路"会计基础设施研究系列丛书

数字联通"一带一路"

——"走出去"企业会计数字化问题研究

李扣庆 白容 刘明华 魏代森 付建华／编著

立信会计 出版社

LIXIN ACCOUNTING PUBLISHING HOUSE

图书在版编目(CIP)数据

数字联通"一带一路":"走出去"企业会计数字化问题
研究/李扣庆等编著. —上海:立信会计出版社,2019.6
("一带一路"会计基础设施研究系列丛书)
ISBN 978-7-5429-6197-6

Ⅰ.①数… Ⅱ.①李… Ⅲ.①"一带一路"-企业会
计-数字化-研究 Ⅳ.①F275.2-39

中国版本图书馆 CIP 数据核字(2019)第 126498 号

策划编辑　　　张巧玲
责任编辑　　　张巧玲　　王斯龙　　毕芸芸
封面设计　　　南房间

数字联通"一带一路":"走出去"企业会计数字化问题研究

出版发行	立信会计出版社			
地　　址	上海市中山西路 2230 号		邮政编码	200235
电　　话	(021)64411389		传　　真	(021)64411325
网　　址	www.lixinaph.com		电子邮箱	lixinaph2019@126.com
网上书店	http://lixin.jd.com		http://lxkjcbs.tmall.com	
经　　销	各地新华书店			

印　　刷	上海天地海设计印刷有限公司			
开　　本	710 毫米×1000 毫米	1/16		
印　　张	13		插　　页	1
字　　数	178 千字			
版　　次	2019 年 6 月第 1 版			
印　　次	2019 年 6 月第 1 次			
书　　号	ISBN 978-7-5429-6197-6/F			
定　　价	49.00 元			

如有印订差错,请与本社联系调换

　　2017 年 5 月，习近平主席在"一带一路"国际合作高峰论坛上提出，要加强在数字经济、人工智能、纳米技术、量子计算机等前沿领域合作，推动大数据、云计算、智慧城市建设，连接成 21 世纪的"数字丝绸之路"。鉴于会计基础设施和"数字丝绸之路"在推动"一带一路"合作中的重要性，2017 年年底，上海国家会计学院与 ACCA、用友网络联合组建了课题组，对"一带一路"沿线国家财务信息化的相关问题进行了专题研究。2018 年 6 月 25 日，上海国家会计学院联合中国会计学会、ACCA、德勤中国、浪潮集团和用友网络主办了"数字联通'一带一路'"高层研讨会，现在奉献在大家面前的就是课题研究报告和研讨会专家演讲文稿。

　　课题研究报告及专家演讲从不同视角分析研究了"一带一路"倡议推进中数字联通的机遇与挑战、数据治理的标准与架构、数字技术的丝路新前景及数字联通的合作与发展等问题，希望能为所有有志于研究相关问题的朋友们提供有益的参考。"一带一路"是一项规模宏大、影响深远的重大工程，我们也衷心希望本书的出版能对"数字丝绸之路"建设中会计及相关问题的研究起到积极的推动作用，为"一带一路"建设奠定更为坚实的会计基础设施。

C目录
CONTENTS

英文缩略语注解

序号	缩略语	英文全称	中文含义
1	ACCA	The Association of Chartered Certified Accountants	特许公认会计师公会
2	AI	Artificial Intelligence	人工智能
3	API	Application Programming Interface	应用程序编程接口
4	BOT	Build-Operate-Transfer	建设-经营-转让
5	BPO	Business Process Outsourcing	商务流程外包
6	BRCCDI	B & R Country Cooperation Development Index	"一带一路"沿线国家合作发展指数
7	BRI	Belt and Road Initiative	"一带一路"倡议
8	CEE	Central and Eastern European	中东欧
9	CFO	Chief Financial Officer	首席财务官
10	CRM	Customer Relationship Management	客户关系管理
11	EMEA	Europe，the Middle East and Africa	欧洲、中东、非洲
12	EMPAcc	Executive Master of Professional Accountancy	高级财会人员专业会计学硕士
13	EPC	Engineering Procurement Construction	工程总承包
14	ERP	Enterprise Resource Planning	企业资源计划
15	EU	European Union	欧盟
16	FTE	Full-Time Equivalent Employees	全职员工
17	GDP	Gross Domestic Product	国内生产总值
18	ICT	Information and Communication Technology	信息和通信技术
19	IFRS	International Financial Reporting Standards	国际财务报告准则
20	IT	Information Technology	信息技术
21	OCR	Optical Character Recognition	光学字符识别

（续表）

序号	缩略语	英文全称	中文含义
22	P & R	Payables and Receivables	往来款项
23	PC	Personal Computer	个人电脑
24	PFI	Private Finance Initiative	民间主动融资
25	PPA	Power Purchase Agreement	购电协议
26	PPP	Public-Private Partnership	政府和社会资本合作
27	RFID	Radio Frequency Identification	射频识别技术
28	RPA	Robotic Process Automation	机器人流程自动化
29	SAAS	Software-as-a-service	软件即服务
30	SSC	Shared Service Center	共享服务中心
31	XBRL	EXtensible Business Reporting Language	可扩展商业报告语言

推动会计信息化变革　助力数字丝绸之路

舒惠好

(财政部会计司副司长)

2017 年 5 月 14 日，习近平主席在"一带一路"高峰论坛发表主旨演讲，提出搞好"一带一路"建设要向创新要动力，要加强在数字经济、人工智能、纳米技术、量子计算机等前沿领域合作，推动大数据、云计算、智慧城市建设，连接成 21 世纪的"数字丝绸之路"。

会计在财政经济和社会发展中发挥着重要的基础性作用，会计信息化是会计发挥上述作用的重要保障。回顾丝绸之路和海上丝绸之路的历史，从伴随大漠驼铃的"四柱清册"到由泉州出海的船队的"龙门账"，会计默默无闻地伴随丝绸之路和海上丝绸之路走过千年时光。当前，"一带一路"倡议所形成的历史机遇，对会计信息化又提出了新的要求。以此为切入点，本文分享财政部在推动会计信息化方面的一些考虑。

一、"一带一路"倡议对会计监管和会计信息化建设的机遇与挑战

实施"一带一路"倡议、建设"数字丝绸之路",对会计监管和会计信息化标准建设带来一系列机遇与挑战。

第一,电子商务、智能化物流和移动支付等新兴业态将随着"一带一路"倡议的实施在更多国家和地区推广和普及。这些新兴业态的一个显著特点是:交易从最初发起到最终完成全过程的电子化,整个过程在网络上处理和记录,没有或几乎很少有纸质文件。例如现代物流技术,除了需要给包裹打印条码外,所有运输、分拣、投递环节都通过条码自动处理和记录。更为人熟知的移动支付,整个过程包括交易信息核实、授权、执行都通过电子手段完成。在这种情况下,会计信息必须和业务系统集成和融合,通过业务系统直接驱动会计记账。因此,电子数据取代纸质凭证成为会计记录的主要依据。这就要求会计监管主要依赖对信息系统功能审计来核实交易和会计信息的真实性,放弃依赖纸质凭证和计算机模拟手工账本进行监管的思路。这对于部分"一带一路"沿线国家监管部门来说,无疑是一项挑战。

第二,不仅是新兴业态,作为"一带一路"倡议的主要内容,沿线国家基础设施建设和互联互通所涉及的传统产业,由于新技术对这些产业的渗透,企业会计工作也受到与新兴产业同样的冲击。例如港口,似乎是典型的传统产业,但是自动化的港口已经不是什么新鲜话题。上海洋山港集装箱自动化码头,整个码头只有一个人在控制室里操作。可以想象,这种港口对生产的核算也是靠作业系统直接驱动。"一带一路"倡议在实施中也可能出现类似的项目,对会计监管也会产生与新兴业态同样的挑战,这也要求所在国的监管体系做好充分的准备。

第三,信息技术环境下的企业管理手段和方式的变革带来"一带一路"沿线国家会计跨境监管合作问题。"一带一路"倡议的实施,意味着沿线跨境交易的大量增长，以及我国企业在境外的商业存在的不断增加。这就意味着，同一笔交易将成为不同国家会计主体的记账信息来源。在各国法律、语言、商业惯例存在巨大差异的情况下，结构化的电子数据显然比非标准化的凭证更适宜作为各方共同接受的会计数据来源。这就需要各国统一从交易到报表层面的会计数据信息化标准，从而使同一数据来源能够满足各国监管要求。同时，随着"一带一路"的深入推进，沿线国家企业跨国经营活动将形成规模。为提高经营效率，在云计算等技术支持下，更多的企业将选择财务共享的管理模式，将会计资料集中存放，这也可能带来跨境监管合作问题，包括如何确保存放在他国服务器中的数据满足本国关于信息安全的法律规范等问题。上述问题都需要各国监管部门的政策协调。

此外，在"一带一路"建设和实施中如何充分利用新技术，解决跨国交易和多国运营带来的会计、内控和审计问题，促进相关企业管理效率和经济绩效的提高，是各方共同面临的一项挑战。在信息技术领域，当前的热点很多：人工智能、大数据、云计算、神经网络、区块链等不一而足。罗列起来容易，但是在包括会计在内的各领域实践中怎么利用这些新技术，使其在"一带一路"中发挥作用，还需要有具体的、能够落地的方案。例如区块链，我们都知道它可以记录交易过程、解决公信力问题，很适合作为长链条交易的技术手段，在"一带一路"中发挥作用。但是要提出一个具体的应用场景似乎又不是一件容易的事，将面临缺乏基础设施和法律保障等各种问题。因此大家总感觉区块链看得见摸不着。这个挑战要靠政府、企业、院校、中介机构多方共同探讨解决。

上述问题既是挑战也是机遇，把握和解决好了，不仅能为"一带一路"建设奠定良好的基础，更重要的是可以借此机会使我们的会计管理工作抓住时代的脉搏，加快迈进信息化管理新时代。

二、财政部在会计信息化领域已开展的工作

要把握"一带一路"的时代机遇，迎接上述挑战，我们必须置身其

中，冷静观察，敏锐思考，以谦虚谨慎的态度和开放融合的心态，从信息化的视角全面审视会计工作的方方面面。财政部高度重视会计信息化建设工作，通过完善顶层设计、健全会计信息化标准体系做好基础性工作。近年来，财政部在会计信息化领域已开展的工作主要包括以下四个方面。

（一）抓顶层设计

近年来，财政部对我国会计信息化工作做出了顶层设计。2009 年，财政部印发《关于全面推进我国会计信息化工作的指导意见》，明确我国会计信息化工作的目标和主要任务。2008 年到 2012 年，财政部先后建立了会计信息化委员会、可扩展商业报告语言中国地区组织和全国会计信息化标准化技术委员会三个协同机制，统筹协调我国会计信息化标准体系建设、实施和管理工作。

（二）促制度改革

针对企业会计信息化快速发展的形势，财政部适时废止了以前发布的、不适应会计信息化时代要求的规范性文件，发布了《企业会计信息化工作规范》等新制度。新制度的一项重大突破就是从制度层面认可会计资料的无纸化，为以信息系统和电子化会计资料为基础的会计监管创草了制度条件。

（三）定技术标准

目前，我国会计信息化标准体系已全面建立，主要包括四方面已发布和正在制定中的标准：第一，可扩展商业报告语言技术规范系列国家标准，用于规范可扩展商业报告语言相关计算机软件；第二，企业会计准则通用分类标准，用于编制可扩展商业报告语言格式财务报告；第三，会计软件数据接口标准，用于企业内部账簿和凭证数据交换以及外部数据采集；第四，企业内部应用 XBRL 的技术标准，用于企业实现业务和财务底层数据的标准化。由于 XBRL 为全球监管机构普遍采用，财政部的上述工作为下一步"一带一路"建设可能涉及的各国监管标准的协调统一奠定了基础。

（四）推实践应用

可扩展商业报告语言在资本市场信息披露、国有资产财务监管、保险偿付能力监管等相关领域的应用已初具规模。同时，可扩展商业报告语言对企业管理和管理会计的应用价值也已初步显现，部分企业正在探索将可扩展商业报告语言应用从对外报告向内部应用领域拓展，运用可扩展商业报告语言统一标记企业内部数据，形成统一的结构化数据体系，推动企业内部管理水平不断提升。

三、建设"数字丝绸之路"的未来展望

"一带一路"倡议吹响了建立新的国际商业体系和贸易环境的号角，"数字丝绸之路"是这一倡议中最具时代感的内容，也为财政部工作提出了新的要求。

（一）持续推进可扩展商业报告语言（XBRL）的应用

会计工作依存于数据的生产和交换，数据是会计工作的根本。在信息时代，无论企业外部投资者还是内部决策者，对会计信息都提出了前所未有的高要求，具体表现在要求会计信息具备"集成"和"实时"两个特征。从这个角度来分析，传统、固定、昂贵的数据仓库等技术的优势几乎已被挖掘殆尽，自描述结构化数据正在迅速崛起。而在财务报告领域，XBRL 语言在各种描述结构化数据语言中的优势已基本确立，成为全球应用最广泛的企业报告自描述结构化数据语言。毋庸讳言，在支持决策方面，尤其是在企业内部数据的标准化和业财融合等方面，XBRL 还有较多短板，所以财政部正在积极参与 XBRL 国际组织的"开放信息系统""第二篇章"等项目，力图影响和引导 XBRL 技术的发展。

（二）高度重视区块链、人工智能等新技术在会计信息化领域的应用尝试

就一些会计基础工作而言，区块链和人工智能技术无论在大型企业还是小微企业都有广阔的应用前景。试想一个情形：一家小微企业的会计工

作，其本质是在经济业务发生的同时形成标准化、结构化的基础数据，一方面实现业财融合以满足内部管理的需要；另一方面根据税务部门、银行等外部部门的要求满足对外报告的需要。从数据治理的角度来看，上述过程是一次产生数据，再根据具体需要分别形成各种"视图"的过程。这种构想其实只是一种理想化状态，其中缺少了一些关键性的操作环节，难以发挥标准化结构化数据的真正价值。例如，银行向这家小微企业贷款前的尽职调查可以如何节约成本？谁来保证该小微企业相关交易及其金额的真实性？银行、审计师、税务部门如何验证报表中基础数据的真实性？按照目前的各种解决方案，实现成本都较高，而通过公有链或者联盟链来解决这个问题，将不失为一个有益的尝试，有可能大大降低一部分小微企业的营商成本。

（三）完善会计数据接口标准，使企业参与分享会计信息化发展的"红利"

我们将在现有基础上进一步完善和优化会计数据接口标准，为监管部门、银行、资本市场提供信息化环境下的"会计通用插座"，与其他监管部门推动的信息化工作加强协同，切实降低企业的合规成本。我们将更积极地推动解决电子票据等新技术、新业态带来的会计处理和档案管理等新问题，便利企业通过信息系统自动接收符合标准的会计数据和业务数据，同步完成会计处理并生成符合要求的会计档案。

（四）积极开展与沿线国家相关监管部门的接触，建立双边或者多边磋商机制，促进监管标准的统一和跨境监管合作机制的建立

我们将以现有的会计监管双边和多边沟通联络机制为基础，逐步拓展接触范围，随中国企业走出去的步伐开展与各国监管部门的沟通交流。同时，搜集"一带一路"实施中涉会计信息化议题，适时建立跨境监管合作机制，密切跟踪并着力解决影响和阻碍"数字丝绸之路"建设涉及的会计技术标准和监管协调问题，创造有利的会计信息化国际制度和标准环境。

中国古诗有云："身无彩凤双飞翼，心有灵犀一点通。"财政部在形成上述认识、开展相关工作、探索可行路径的同时，注意到"一带一路"沿线国家的同行们也有类似想法并正在付诸行动。2016 年，俄罗斯央行的同事拜访财政部会计司，了解企业对外报告应用 XBRL 的相关情况时，我们曾提到正在研究将 XBRL 应用于企业内部以实现企业基础数据的标准化、提升企业数据治理。最近，我们发现俄罗斯相关企业发布信息，披露其正尝试在企业内部应用 XBRL。这说明"一带一路"沿线国家在会计信息化领域面临着相同或相似的问题，建设"数字丝绸之路"是我们大家共同关心的工作。希望大家同心协力、积极合作，共享各自会计信息化工作的成果，借鉴其他国家相关领域的宝贵经验，共同推进"数字丝绸之路"建设，共同参与"一带一路"倡议的伟大事业！

数字联通 "一带一路" 思考与建议

连 敏

(上海振华重工股份有限公司总裁助理)

本文分为四个部分。第一，中国交通建设集团有限公司（以下简称"中国交建"）的基本情况。第二，数字联通"一带一路"中国交建的实践和案例。第三，数字联通"一带一路"的机遇和挑战。第四，数字联通"一带一路"的应对和建议。

一、中国交建的基本情况

中国交建是全球领先的特大型基础设施综合服务商，主要从事交通基础设施的投资建设运营、装备制造、房地产及城市综合开发等，为客户提供投资融资、咨询规划、设计建造、管理运营一揽子解决方案和一体化服务。中国交建从事相关业务有一百多年历史，产品和服务遍及 150 多个国家。在国际化发展方面，中国交建以海外优先发展为战略目标。从发展的阶段来说，中国交建由原有的国际化经营发展，到现阶段全球化发展，并进入高质量发展阶段。从业务类型来说,中国交建除了完成传统总承包业务,还做海外投资,比如牙买加的南北高速公路;同时做新的业态,如能源等投资项目;另外还做并购项目,比如 2010 年并购美国 F&G 公司,该公司是全球最大的海上钻井平台设计公司,2014 年并购澳大利亚第三大建筑公司霍兰德公司,该公司具有中国交建缺乏的铁路营运资质。通过并购,中国交建在海外的发展蒸蒸日上。

中国交建在 2017 年世界《财富》五百强排名中位列第 103 名,在 2017 年《国际工程新闻纪录》(ENR)全球最大 250 家国际承包商中排名第 3,连续 11 年在中资企业中排在第 1 名。中国交建是世界最大的港口设计建设公司、公路与桥梁设计建设公司、疏浚公司和集装箱起重机制造公司、海上石油钻井平台设计公司;也是中国最大的国际工程承包公司、设计公司、高速公路投资商;拥有庞大的民用船队。

中国交建开展海外业务历史悠久,目前业务区域范围分布在全球 150 多个国家,设有 210 个境外机构,派驻海外工作人员有 12 000 多人,海外属地化雇员 48 000 多人,在"一带一路"沿线国家拥有很好的市场。

中共十八大以来 5 年中,中国交建海外经营业绩斐然,其中新签合同额由 150 亿美元提升到了 400 多亿美元;营业额由 85 亿美元提升到了 200 多亿美元;利润总额由 8.3 亿美元提升到了 13 亿美元;海外贡献度由 25%提升到了 29%。这些成绩的取得得益于国家"一带一路"倡议和"走出去"战略。

中国交建在"一带一路"沿线国家承建了许多重大项目,如蒙内铁路、"中巴经济走廊"瓜达尔自由区起步区、欧洲第一条铁路匈塞铁路等。中国交建在海外有 20 多个产业园,拥有很多知名品牌,如振华重工、中国港湾、中国路桥、中交疏浚、中交产业投资、中交海外地产等。

二、数字联通"一带一路"中国交建的实践和案例

在网络基础设施方面,中国交建正在打造全球一张网,建设中国交建

全球化信息基础设施，在中国香港、巴黎建立全球网络汇集中心，实现与"一带一路"沿线国家互联互通。中国交建在中国建立数据主分中心（厦门为主中心，北京和中国香港为分中心），计划建设中国交建财务云，统一境内外财务共享平台。中国交建已在境外开展了海外财务共享服务中心建设试点，在国内企业里属于为数不多的企业之一。中国交建财务云软件系统，包括财务主数据系统、影像系统、网报系统、资金系统、债权债务系统、固定资产系统、税务系统、成本系统、总账系统、报表系统、BI 系统、电子档案系统等。

除打造全球一张网外，中国交建也在打造全球"一平台"——全球管理信息平台，包括全球协同办公系统、全球视频会议系统、全球集团级统一通信系统、海外经营及投资大数据决策支持系统。针对海外地区和国家政策、环境经济等因素十分复杂，海外项目的投资经营风险很大的情况，中国交建海外经营及投资大数据决策支持系统，能有效地控制风险，推进合法合规的工作。中国交建依托全球经营网络以及 20 多个自贸区工业园区积累的大量的信息，通过大数据的分析，为企业做决策支持。

2017 年，中国交建在东南亚某国开展全球多区域财务共享服务中心的区域中心试点建设任务，该境外区域中心已正式运营，业务覆盖会计核算、资金结算、税务管理、报表编制和分析等方面，目前纳入共享管理的单位主要是中国交建在该国承包工程项目的各项目部，这个中心已经正式运营，现在看起来运转比较成功。在做财务共享中心建设过程中，我们发现数字联通的问题：第一，会计准则的差异，在所在国，有中国准则，有所在国会计准则，我们要做互联工作。第二，核算标准的差异，所在国会计核算和中国的会计核算，包括收入成本的确认都有很大的差异。第三，软件系统的差异，中国软件国际化程度不高，拿到国外不能适应国外的发展，包括多准则、多币种、多语言等，需要有国际化视野的国际软件。第四，税务系统的差异，所在国系统不能互认，税务部门不认同中国的企业在所在国使用的系统，只能认同他们国家的。第五，银企直连的差异，在国外很多银行只能做查询,做不了支付,需要不断的联通资金结算系统。第六,税务管理的差异,在境外做工程做投资,税务很关键,类似的问题还很多,这些问题也同样给中国交建带来了机遇。

三、数字联通"一带一路"的机遇与挑战

挑战包括四个方面:一是网络基础设施建设水平差异,技术标准不一致,信息基础设施不完善,建设与使用成本高,网络管制和网络安全信息化安全的挑战。二是会计基础设施差异,存在会计核算差异,标准的差异和数字交换差异。三是金融基础设施差异,金融机构的数据化的转型和数据交换的挑战。四是税务基础设施差异,税收政策不同,会计、资金、税务信息系统互认标准有差异,加强"一带一路"沿线国家税务能力的建设是很重要的环节。

这些挑战同样带来机遇。数字联通"一带一路"的发展,助推"一带一路"倡议的实施,助推数字经济发展,推动财、资、税合作与创新,促进加强国际监管和跨境监管,提高就业率,降低境外交易成本,加速国际化人才培养。这些机遇和挑战综合起来就是三个方面:数字治理标准、数字化平台建设、网络基础设施建设。

四、数字联通"一带一路"的应对与建议

对于数字联通"一带一路"的展望,用三个词语概括:困难重重、需求迫切、前景广阔。在境外做项目、做信息化,困难重重,因为各个国家之间有自我保护意识,要打通各个国家的联通信息共享,标准是最主要的。我们国家在2013年有"一带一路"倡议后,很多部委已经在推动这项工作,有一个行动指南标准——联通"一带一路"行动指南,原来做的2015—2017年,现在正在做2018—2020年。数字联通标准不一样,牵涉到会计金融和税务领域的标准要纳入议事日程,虽然推进过程中会困难重重,但需求非常迫切,前景广阔。

　　中国交建在这方面做了很多应对工作。一是会计标准化体系建设；二是对接国际 SWFT 网络；三是开展国别税务实务课题研究；四是建设中国交建全球一张网；五是建设全球财务云平台；六是建设全球多区域财务共享服务中心；七是实施国际化财务管理人才培养。中国交建国际化财务管理人才培养非常荣幸得到上海国家会计学院和 ACCA 的支持，三方在上海国家会计学院举办中国交建第一期国际化财务管理人才培训班，这对扩大中国交建人才储备，促进企业走出去是很有意义的。

　　具体建议方面如下：一是政府要在"一带一路"倡议中起到推动者、领导者、组织者作用，应推动数字治理、标准化制定、数据联通平台建设、国际化人才培养等工作。二是研究机构要做数字联通"一带一路"的支撑者，做基础设施研究、标准研究、数字联通平台研究等方面研究。三是数字联通企业要作为数字联通"一带一路"的研发者，像浪潮、用友等，应研发可交互的国际化软件，建设网络基础设施。四是走出去的企业要作为数字联通"一带一路"的引领者和实施者，应积极实施数字化转型，把数字联通平台应用好。

　　数字联通"一带一路"过程中将产生一大片市场蓝海，中国交建作为"一带一路"倡议的践行者，正推进组建自身信息化产业集团，加快数字联通步伐；希望政府部门进一步推动数字联通"一带一路"建设，也真诚希望中国交建能助力国内信息化企业扬帆出海，更希望像上海国家会计学院、ACCA 这样的研究机构给我们提供更好的意见建议，在共商、共建、共享原则下，实现合作共赢。

"互联网＋财税"助推数字联通"一带一路"

蔡　磊

(京东集团副总裁、"互联网＋财税"联盟会长)

一、数字化浪潮席卷全球

我们正在经历一场互联网革命，京东自 2004 年正式进入互联网电商时代，经过十几年的发展，连续复合增长率150％，2017 年 GMV 接近 13 000 亿元，今年 6·18 累计下单金额达 1 592 亿元。传统行业销售增长率50％已经是非常好的业绩，但对于互联网公司来说却可以迎接更高速的增长。2011、2012 年看到中国互联网的展望，当时不敢相信，感觉完全是美好的愿望。现在来看，都已经成为现实。目前中国已经是世界第一大电子商务市场，六七年前，大家都不怎么网上购物，年龄相对大的人也不太网上购物，当时电子商务定位消费群是 20～30 多岁，而现在，我侄子六七岁，一不小心他就上网购物了。现在回看第一次科技革命、第二次科技革命，第一次产业革命、第二次产业革命，相比而言，这次跟以前

完全不同，过去改变生产力，现在同时改变生产力和生产关系，在我们这个时代下不光生产、经营方式发生变化，我们思想观念也都在发生变化。

各国政府已经把发展数字经济摆在至关重要的位置。并不是我们在互联网公司鼓吹数字经济有多么重要的影响，20世纪50年代没有专家或者科学家认为计算机可以展示图片，而现在无时无刻不用手机展示图片、看视频、社交和办公。1994年比尔·盖茨有一本书《未来之路》，我读的时候觉得不现实，怎么可能呢？但现在，谁还用书信写东西，打电话都不太多了，我基本不打电话，要么邮件，要么微信，连短信都不怎么用，传统通信行业也因此受到冲击。数字时代，对大家既是机遇也是挑战。

前面已经提到，中国电子商务交易规模是世界第一大。全世界前二十强互联网公司没有一家欧洲公司，美国、亚洲多一些，中国有六家。东南亚电子商务也发展非常快。我们在努力响应国家"一带一路"倡议。我们一直做数字经济、互联网发展的探索和实践，"一带一路"也在实实在在地推进。2013年9月，我曾参加了京东首批国际拓展活动，深感一个企业真正走出国际化是非常不易的。

现在互联网、大数据、云计算正在深刻改变我们的生产与生活，大家生活中感受的是融合性的数字经济给我们带来的发展，O2O、共享经济、电子商务和社交无处不在。

二、以数字中国助推"一带一路"建设

京东国际化战略与"一带一路"不谋而合，但国际化实际上非常艰难。一方面，不光是基础设施，对于数字经济的发展、互联网认知理念完全不一样。另一方面，还有制度、法律、资源、资本管制，中国不允许外资企业有ICP牌照，不能做销售图书新闻媒体，到国外也是，有些国家不允许外资成立互联网公司，必须合资等，也有诸多限制。几个国家的案例分析如下。

1. 印度尼西亚

在"一带一路"倡议指引下，京东海外第一站去的就是印度尼西亚，已在当地发展两年多的时间。印度尼西亚拥有近3亿人口，是仅次于中国、印度、美国的世界第四大人口大国。目前印度尼西亚有约2 747万人使用互联网，但线上零售业只占1％，电商市场发展空间巨大，亦是东南亚电商市场的第一大国。

京东在印度尼西亚设立合资公司开展电商自营业务和POP业务，京东在印度尼西亚设立本地语言的B2C电商平台JD. ID，自2016年3月正式运营以来业务增长飞速，目前已拥有2 000多万用户。京东在印度尼西亚拥有自己的专属物流公司JX Express，服务印度尼西亚全国的365个城市，同时与当地一些物流公司合作开发印度尼西亚更多的地区，计划于2018年年底覆盖印度尼西亚所有城市。此外，京东金融拟依托京东集团在印度尼西亚的电商业务，提供线上支付和消费金融等产品和服务，为印度尼西亚地区用户提供支付和消费领域的全新体验。

2. 泰国

京东在泰国成立合资公司开展电商自营业务和POP业务。2017年9月，京东集团、京东金融和泰国零售企业尚泰集团宣布在泰国共同投资5亿美元成立两家合资公司，分别提供电商服务和金融科技服务。京东将为电商合资公司提供技术、电商、物流领域的支持，为金融科技合资公司提供人工智能、云计算等先进技术支持。

3. 俄罗斯

京东在俄罗斯部署了多个本地仓库，为品牌出海及供应链本地化做好了充足准备，以最优质的商品和京东的速度将商品送达俄罗斯消费者手中。

京东，正在成为影响世界经济的网上丝绸之路。13年的跨越式发展，也让京东在智慧物流、智慧供应链等领域积累了大量经验。

央视纪录片《大国重器》、平昌冬奥会闭幕式《北京八分钟》都展示

了京东无人仓的画面，我们为此非常骄傲。目前，京东是全世界首家拥有全流程无人仓的企业。亚洲一号，单体库 10 万平方米，相当于 14 个足球场那么大，每天出库交易订单量可以突破百万。仓库从数百人变成数十人，最后到无人，当你真正感受到强大的现代化技术后，你会觉得人是彻底无力，可能过两年没有工作可干了。京东无人机已获得覆盖陕西全境的空域批文，在西安、宿迁等多地已实现常态化运营。

同时，京东是区块链应用最成熟的企业之一。我们联合商家建立联盟链，实现商品全程可追溯。举例而言，有些超市把牛奶生产日期改一下，包装日期改一下，你能相信吗？不能相信。通过区块链技术实现跨主体的供应链信息采集与存储，就可以确保食品全链条追溯信息采集的真实准确。

三、夯实财税基石，为数字联通"一带一路"保驾护航

会计或者财务信息化是历史时代的责任，京东在 2013 年开出内地第一张电子发票，京东每年开出发票十几亿张，这是基于电子商务企业的特点，我们一年 10 000 多亿元交易额，财务出纳只有十几名。强力推行电子发票也是顺应数字时代的发展的需要，并不是多么超前想倡导国家改革，而是如果在电子商务领域不开电子发票，企业内部财务管理根本无法高效运行，电子商务也无法实现全球数字化。

其实，高素质财会人员是非常匮乏的，在 2 000 多万名财务人员里，中级以上只有 100 多万名，1 000 多万人在做基础财务工作。京东 2012 年推出电子发票后，我们有多少人从事发票管理工作？2 000 多人，如果不推电子发票现在就会上万人，而现在他们去做了更重要的工作。

"互联网＋财税"的发展可以取代简单重复性的财税工作。据估算，中国"互联网＋财税"市场规模达 5 万亿元。为了在多元共治的时代下进一步响应国家"互联网＋"行动计划，进一步推动"互联网＋财税"创新成果落地，服务国家经济建设，我们也牵头成立了"互联网＋财税"联

盟，助力国家在创新业务的探索。

中国"互联网＋"在财税层面的创新，是以国家信息化发展为基础的。要把"互联网＋财税"创新成果输出作为"一带一路"多举措的一部分，加强与"一带一路"沿线国家的财税政策及财税信息化沟通，以中国的数字化力量赋能"一带一路"国家财税治理，实行互通有无、互联互通。

Digital Connection in the Belt and Road Initiative: Opportunities and Challenges for Finance Professionals

Robert Stenhouse

(Deputy President, ACCA)

I. Technology is having a significant impact on the accountancy profession

Technology has been a major disruptive force on many of the world's most established structures and professions. And I would like to start with some thoughts about the accountancy profession in particular, where technology is having a significant impact.

Technology has changed **what we do**. With automation and other technologies now being able to replace some of the more repetitive or rule-based tasks of the traditional accountant, the role of the finance professionals is changing. To add value, a finance professional needs to take on a different, more interpretative or strategic role in the process. We need interpretative, analytical, ethical, change management and data handling skills—just as a start!

So technology has also changed **how we do** key aspects of our role. For example, for auditors securing audit evidence through the use of data analytics.

Technology also changes the blend of **behaviours, skills and attributes** that the profession requires to leverage technology effectively. This includes embracing change whilst maintaining scepticism around the assessment of the impact that this change will have.

Ⅱ. Professional Quotients

Back in 2016, ACCA surveyed nearly 3 000 people for a ground-breaking research report about the key attributes that would be required of the profession in this brave new world. Their insights helped us define the way ahead for the profession and create what we call "the **professional quotients**". These include:

— Technical and ethical competencies Quotients, or TEQ

— Intelligence Quotients, or IQ

— Emotional intelligence Quotients, or EQ

— Creative intelligence Quotients, or CQ

— Vision Quotients, or VQ

— Digital Quotients, or DQ

— Experience Quotients, or XQ

The professional accountant of today and into the future needs an optimal and changing combination of technical knowledge, skills, experience and abilities, combined with interpersonal behaviours and qualities.

It's not just about knowing the technical areas of accountancy—although these are still critical. It's about being a well-rounded strategic professional capable of providing judgement and insights. These are the attributes that will allow ACCA members and other finance professionals around the world to truly engage with the challenges of today and tomorrow, many of which relate directly to digital progression and innovation.

Ⅲ. Digital Quotients is absolutely critical to BRI

So, what does this have to do with the Belt and Road Initiative?

Digital Quotients is absolutely critical to BRI—it's not possible to have a physical trade route today without a digital imprint. And, it's completely unthinkable to plan expenditure on infrastructure without also considering the associated IT spend.

The finance profession will also be critical to the success of BRI. Accountants will be as in demand as engineers, architects and urban planners. There will be room to expand or add value in existing services or projects; or to develop new ones for a newly interconnected landscape.

After we looked into those essential professional quotients in 2016, ACCA actually redesigned the top level of our qualification to ensure we are training Strategic Business Leaders: finance professionals who can direct an organisation from the top, taking a multitude of factors into consideration alongside the numbers.

Professional accountants are at the forefront of every country's economic growth and prosperity; and finance professionals are the strategic decision makers leading and shaping economies. We will be helping countries and companies along the BRI route identify the challenges and opportunities that the Initiative will bring.

This technological element to BRI brings a set of specific considerations for finance professionals. As I just mentioned, the Belt and Road route and initiative will be just as much digital as physical.

Today's infrastructure is inescapably "smart": it's intertwined with technology and it **produces, facilitates and captures extremely valuable data flows**. This can have real benefits when it comes to functionality and efficiency, but also comes with challenges.

To use a very British example, you can see this in action on the M25 motorway around London. Because of land constraints it can't be made bigger so it has to be made smarter. In recent years, the M25 has become a "smart motorway", where technology actively manages the flow of traffic, activating and changing signs and speed limits as required to keep the traffic flowing freely.

This is an example of substantial investment to digitise traditional infrastructure—the UK government committed £15 billion between 2015 and 2021 for the smart motorway scheme, but one which reaps benefits over time: reducing congestion, improving journey reliability and, importantly, reducing accident and injury.

Finance professionals will use their **digital** awareness, **vision** and **creative intelligence** to identify and progress this type of opportunity in an infrastructure initiative. They need to be able to establish value criteria for a number of digitised assets, including data, and then accurately assess the initial and ongoing costs and returns, and secure the on-going value.

I think there will be many similar opportunities for "smart" infrastructure under the BRI umbrella, and it's important that we as

finance professionals prepare ourselves to accurately assess the risks and rewards that they will incur. We must up-skill our quotients now so that we are ready for the major—even visionary—opportunities that investment over BRI is likely to offer.

Ⅳ. Data use

Of course, every new opportunity comes with a new set of challenges. And in the case of BRI, it's important that finance professionals engage early with the need for **consistent and effective communication across borders.**

BRI spans more than 60 countries: across the BRI network, we are looking at more than 50 official languages and dozens of local accounting standards.

If we are to work on cooperative projects and facilitate cross-border trade, we will need to be speaking the same economic language, and working within the same structures and standards.

And with the rapid rate of digital developments, our support networks need to be able to flex and accommodate changes—for example, in data structures (e. g. blockchains)

So for the finance professionals working at the forefront of the initiative in the future, it's now important that we do some horizon scanning—we look at possible ways of working that compromise between existing legacy or local protocols, that are sufficiently open-access and that encompass a degree of changeability. We need to build in the on-going development and enhancement of standards which preserve value but also facilitate future growth.

Data, on the scale that I mentioned, is likely to be one of our biggest assets here. However, finance professionals will need to use their Intelligence gained through solving similar problems to secure the value. If we can harness it properly, we can use data to facilitate effective communication across borders. But of course, to refer back to those professional quotients, we will need a broad understanding of existing structures and standards and a depth of **emotional intelligence** to effectively communicate across national borders and between diverse cultures.

Ⅴ. Ethics and professionalism / prevention of data misuse

At ACCA we believe global standards are fundamental to developing the accountancy profession the world needs. However, there's one last piece of the puzzle, ethics and professionalism / prevention of data misuse.

For BRI to provide opportunity and benefit to all involved, we all need to be working in the spirit of the initiative—we need to establish an environment where everyone can work together for mutual benefits.

The finance profession isacutely aware of the social and economic costs of unethical behaviour—a decade on from the global financial crisis, communities and individuals are still living with the effects of failures in risk management and regulatory oversight. It's not just the financial loss—more important is the loss of confidence and trust in business which is fundamental for a healthy economy.

Because of this, our sector—and ACCA in particular—has spent many years establishing a common understanding of ethical conduct and ingraining ethical behaviour in our members. Finance professionals know we have responsibility to act in the public interest: to do what is right, to lead by example and to hold business and society to account.

So there's another important role for finance professionals to play in **keeping ethics and professionalism at the forefront of the Belt and Road Initiative** and related projects.

ACCA recently released a research called Ethics and Trust in a Digital Age, which specifically looked at the ethical challenges that finance professionals are likely to encounter related to technology and digital developments. In particular, we examined ethical challenges under six digital themes:

- Cybersecurity,
- Platform based business models,
- Big data and analytics,
- Cryptocurrencies and distributed ledgers,
- Automation, artificial intelligence and machine learning,
- Procurement of technology.

If we look specifically at BRI, a really important consideration for finance professionals is the **prevention of data misuse**. As I have mentioned, the volume and breadth of data and information made available through BRI will be extremely valuable, and many finance professionals are likely to be on the frontline when it comes to ensuring that data is not used inappropriately or selectively.

As finance professionals, our **experience** in financial reporting is essential to ensure appropriate transparency leads to optimal decision making in the longer term.

It is also imperative that finance professionals are equipped with their ethical compass to maintain trust and integrity within the business environment and help guarantee the ongoing success of BRI.

Ⅵ. Conclusion

I've covered three of the main considerations for finance professionals working within the Belt and Road Initiative, along with the opportunities and challenges that we will need to consider.

I think we could certainly conclude that digital connection is changing everything, and professional accountants need to face the opportunities and challenges that comes with such change with both a flexible mind-set and a well-developed ethical compass.

And of course, finance professionals are key to maximising the value that economies and companies along the BRI route can achieve not only during development but also into the future.

We have the tools and resources we need to help us to establish the links and cross-border coordination that will be so essential to the success of BRI.

数字联通 "一带一路"：财务专业人士的机遇与挑战

罗伯特·许诺德

（ACCA 资深会员、全球副会长）

一、技术正在对会计行业产生重大影响

技术已成为颠覆世界上许多最成熟结构和行业的主要力量。我想特别从一些关于会计行业的观点开始讨论这中间技术发挥的显著影响力。

技术已改变了我们的工作内容。当前，随着自动化和其他技术能够取代传统会计师的部分重复性或基于规则的任务，财会专业人员的职责正在发生变化。为了增加价值，他们需要在这一过程中扮演不同以往、更富解读或战略意义的角色。我们必须掌握解读、分析、道德规范、变革管理和数据处理等领域的技能——而这只是转型的开始。

与此同时，技术也在许多关键方面，改变着我们的工作方式。例如，审计员正通过使用数据分析工具，确保获取必要的审计证据。

此外，技术还改变了财会专业人员有效利用技术所需依靠的行为、技能和特质组合——其中包括，既应积极迎接变革，又必须在评估变革所产生的影响时保持职业怀疑态度。

二、ACCA 七大职商体系

2016 年，ACCA 面向近 3 000 位受访者开展了一项开创性的研究，以此探究本行业在全新商业环境中必须具备的关键素质。他们的见解帮助我们明确了财会职业倡的发展方向，并且创建出了七大职商体系。它们分别为：专业能力和道德水平（Technical and ethical competencies Quotient, or TEQ）、智商（Intelligence Quotient, or IQ）、情商（Emotional Quotient, or EQ）、创造力（Creative intelligence, or CQ）、远见（Vision Quotient, or VQ）、数字商（Digital Quotient, or DQ）、经验商（Experience Quotient, or XQ）。

当今和未来的专业会计师需要将技术知识、技能、经验和能力，与人际行为和素质最恰当地组合在一起，并且不断加以调整。

这意味着，不仅要掌握各财会技术领域的知识——尽管它们依然十分重要，更应成为全面的战略专家，提高判断力和洞察力。这些属性将使ACCA 成员和世界各地的其他财会专业人士真正能够应对当前和未来的挑战，其中许多挑战都与数字技术的进步和创新直接相关。

三、数字技术对"一带一路"倡议的意义

那么，数字技术和"一带一路"倡议究竟有何关系呢？

数字技术对于"一带一路"倡议而言，无疑具有至关重要的意义——一方面，今天，离开了数字技术的支持，我们就无法打通一条实体贸易路线。而且，如果不考虑相关 IT 开支，基础设施投资的规划也会全然失去准确性。

另一方面，"一带一路"倡议的成功同样有赖于财会行业的鼎力相助。

就人才需求来看，会计师与工程师、建筑师和城市规划师难分轩轾。他们不但可以在现有服务领域或项目实施中大展拳脚，扩展或增进其价值，而且还能够为创建新的互联互通环境做出贡献。

在 2016 年考察了前述不可或缺的职商后，ACCA 以实际需要为导向，重新设计了最高级别的资格认证，以确保我们培训出具有战略眼光的商业领导者：这些财会专业人士能够自上而下地指导企业，在关注数据的同时考虑其他多种因素。

专业会计师身处每个国家经济增长与繁荣的最前沿，而财会专家发挥着领导和塑造经济的战略决策作用。我们将帮助"一带一路"沿线的国家和企业洞悉该倡议所带来的各种挑战与机遇。

针对实现"一带一路"倡议的技术要素，财会专业人士必须考虑一系列具体问题。正如我刚才提到的，对"一带一路"的通道建设和倡议实施而言，数字技术将与实体工程同等重要。

今天的基础设施无疑已具备了"智能化"特征：通过植入科技元素，它能够产生、促进和捕获极其宝贵的数据流。不过，在功能和效率等方面带来真正益处的同时，这一趋势也引发了许多挑战。

在此，我想举一则来自英国的实例：我们可以通过环绕伦敦的 M25 高速公路来观察这种智能化趋势。由于土地限制，这条公路无法继续拓宽，所以它必须变得更富智慧，方可扩大运力。近年来，M25 已逐步进化为一条"智能高速公路"，技术主动管理着交通流量，激活并变更标识和速度限制，由此保持交通畅通无阻。

虽然传统基础设施的数字化改造需要大量投资——英国政府承诺在2015 年至 2021 年期间为"智能高速公路"计划提供 150 亿英镑，但随着时间的推移，这一举措将获益颇丰：减少拥堵、提高出行可靠性，而更重要的是，减少事故及伤害。

财会专业人员将利用他们的数字意识、远见和创造力，在基础设施规划中发现和发展此类机遇。他们应当为包括数据在内的多种数字化资产建立价值标准，然后准确评估初始成本、后续投入和回报，并且确保其持续产生价值。

我认为，在"一带一路"倡议的框架下，"智能"基础设施将带来许多类似契机，而我们作为财会专业人员，理应肩负起重要的使命——做好充分准备来准确评估其中潜藏的风险与回报。为此，我们必须全面提高自身职商，以便运筹帷幄，积极把握"一带一路"投资可望开启的巨大，甚至是超乎想象的机遇。

四、数据使用

当然，每一次新的机遇都会带来一系列新的挑战。就"一带一路"倡议而言，财会专业人员必须尽早行动，促进各国与地区之间保持有效沟通。"一带一路"倡议跨越了 60 多个国家和地区：在"一带一路"延伸所及的庞大网络中，我们共计需要面对 50 多种官方语言和数十种本地会计准则。为了开展合作项目并促进跨境贸易，我们必须采用同样的经济语言，并在一致的结构和标准下工作。另外，随着数字化进程的快速推进，我们的支持网络还务必敏捷灵活、适应变化——包括引入新型数据结构（例如区块链）。

所以，对于未来奋战在该倡议最前沿的财会专业人士来说，当务之急便是拓宽自身视野——我们应尽力设法协调各国目前沿用的传统或本地商业规则，一些国家已充分建立了开放准入环境，而其他国家则具有一定程度的调整空间。同时，我们还需要推动持续发展并不断提高标准，从而不仅维护价值，更能促进未来增长。

根据我之前提到的规模，数据很可能是我们用以支持该倡议最庞大的资产之一。不过，财会专业人员必须利用自己从解决类似问题中汲取的经验智慧，确保实现价值。我们如能恰当发挥才智，就可以利用数据来促进国际的有效沟通。回顾之前所述的职商体系，我们确信：唯有广泛了解现有的结构与标准，同时培育高度情商，方能跨越国界和不同文化建立有效

沟通。

五、防止数据滥用

ACCA 认为，制定全球通用标准是发展当今世界所需财会职业的基础。不过，其中还存在着最后一项难题：防止数据滥用。

若想使"一带一路"倡议为所有参与者提供机遇和收益，我们所有人都需要秉承本倡议的精神，建立一种紧密合作、互惠互利的环境。财会行业强烈意识到，不道德行为会造成高昂的社会和经济成本——即便在全球金融危机已过去 10 年后，风险管理不当和监管失察对社群及个人的影响仍未全然消退。这不仅事关经济损失，更重要的是令企业失去各方的信心与信任，从而动摇经济健康发展的根基。

正因如此，我们的行业花费了很多年时间，在从业人员中建立对道德行为的共同理解，使道德意识根深蒂固——ACCA 为此付诸的努力格外突出。财会专业人士深知，我们有责任以公共利益为出发点决定行动：操守端正、以身作则，确保企业和社会承担应尽责任。

当前，另一项重要的角色亟待财会专业人士扮演——在"一带一路"倡议和相关项目的最前沿保持道德和专业精神。ACCA 近期发布了一篇研究报告，题为《数字时代的道德和信任》，旨在剖析专业人士可能遇到的、与技术和数字化发展相关的各种道德挑战。具体而言，我们审视了以下六大数字主题下的道德挑战：网络安全，基于平台的商业模式，大数据与分析法，加密货币与分布式账簿，自动化、人工智能与机器学习，技术采购。

如果我们将目光聚拢在"一带一路"倡议范围内，那么对于财会专业人士来说，一项异常重要的考虑因素便是防止数据误用。我之前曾提到，"一带一路"项目所派生出的数据和信息有着庞大的数量与广度，因而极富价值；同时，许多财会专业人士都很可能位于确保数据免遭不当或选择性使用的第一线。

作为财会专业人士,我们的财务报告经验对于确保适当的透明度、进而在长期内制定最佳决策,起着不可或缺的作用。财会专业人士还必须时刻谨记道德原则,维护商业环境中的信任与诚信,由此助推"一带一路"倡议持续取得成功。

六、总结

本文主要分享了在"一带一路"倡议范围内工作的财会专业人士应关注的三项重要考量,以及我们需要思索的机遇与挑战。我们完全可以得出结论:数字化联系正在改变一切,专业会计师需要借助灵活的思维方式和完善的道德指导,驾驭这场变革引发的契机和危机。毋庸置疑,财会专业人士是"一带一路"沿线经济体和企业实施相关项目期间乃至未来,始终实现价值最大化的关键。我们拥有所需的工具和资源,可以利用它们来建立跨境联系与协调——这对"一带一路"倡议的成功至关重要。

"一带一路"机遇下海外投资的融资实践

李　铮

（中国电力建设集团海外投资有限公司副总经理、总会计师）

　　"一带一路"倡议的目标是政策沟通、设施联通、贸易畅通、资金融通、民心相通，我国企业在"一带一路"倡议下发挥了非常重要的作用。我所在的企业中国电力建设集团是国资委旗下央企，2017 年世界五百强排名第190 位，是现在"一带一路"的主要承揽者。本文通过中国电力建设集团的实际操作案例跟大家分享一下"一带一路"如何实现多赢、共赢。

　　在"一带一路"倡议下，我们国家提出产业投资合作，优势产能转移，装备制造业和农业走出去。而这个过程中的重中之重是油气、电力、煤炭、矿产资源，我们企业所在的行业正好是电力行业。在中国"一带一路"倡议下，有很多落地的项目是由中国电力建设集团（简称中国电建）操作的。下面通过海外投资的案例来呈现我们如何通过"一带一路"实现多方共赢。

一、如何通过"一带一路"实现多方共赢

海外投资主要分为特许经营权、非特许经营权、BOT（build-operate-transfer，建设-经营-转让）、PPP（Public-Private Partnership，政府和社会资本合作）、PFI（Private Finance Initiative，民间主动融资）等。我们在老挝南瓯江投资了一个水电站项目，建设期4年，如下图所示。中国电建在海外进行投资时，会跟国外业主提出，我们负责投资，中国企业带着资金、技术、人员走出去，但有一个前提是把EPC（Engineering Procurement Construction，工程总承包）在我们集团进行议标。中国电建是全产业链集团，集团内有国内水利水电行业顶级的16个工程局和八大设计院，在4年建设期当中，设计院和工程局就已经获取了EPC的利润。作为海外投资公司，我们主要在运营期获取投资收益，在A点之前跟项目所在国签PPA（Power Purchase Agreement，购电协议），约定好将来发出电每度电以多少美分作为基础，并且这个PPA受到中国政策性保险机构的保险，确保了未来投资收益。在运营期40年里，每年电费收益是发出的电量×PPA约定的电费单价，减去BC阶段的贷款利息，差额是我们投资公司所赚取的利润。此外，我们集团的运营单位负责运营，也可以赚取运营期的运营利润。

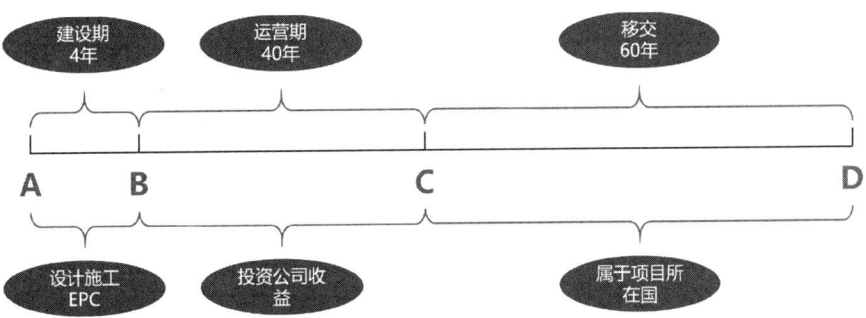

接下来看一下该项目能为项目所在国带来哪些好处。该项目所在国是老挝，在C点，当移交发生的时候，电站还能继续运营几十年，未来几十

年电站的所有运营收入都由老挝政府所有，跟中国企业没有关系。那么为老挝政府带来了什么？首先，在 B 点建设期结束后，老挝政府就已经在没出任何资金的情况下先得到了一个电站，改善了他们的国计民生。同时，在建设期低附加值的劳动力属地化，拉动他们的就业。此外，从 C 到 D，所有运营收入归老挝政府。

当今境外投资拉动 EPC 全产业链条的运营模式已经越来越为大家所接受，成为一种趋势。除了中国的企业走出去拉动 GDP，老挝政府得到发展，老挝以河流作为出资，不仅可以共享投资收益，还可以把富余的电力转卖给泰国，赚取外汇。

在整个过程中，中国的金融机构也获得了一定的收益。中国出口信用保险公司可以获得保险收益，中国进出口银行等金融机构可以获得贷款收益。由此可见，"一带一路"倡议真正实现了中外多方共赢。

二、如何开展资本运作

以卡西姆电站为例，这是中巴经济走廊落地的最大的电站项目，由我们企业负责，习近平主席出席见证签订商务合同，李克强总理见证签订了贷款协议，这是中国和巴基斯坦两国政府之间友好合作中非常重要的一笔。在这个项目落成过程中，资金从哪儿来，怎么操作？按照中国现在的要求，30％来源于中国企业，70％可以做项目融资。30％的资金怎么来？除了有注册资本、留存收益、境外发债、内保外贷丝路基金等一系列解决方法，我们充分利用了中国电力建设集团强大评级作为担保，在香港资本市场上拿到非常低成本的债券，再把它用于境外资本金的投入，就可以解决资本金问题。在境外发债过程中，也有很多的技巧，比如去年在香港资本市场上发了 5 亿美元的永续债，如果我们发长期美元债的话，我们在会计处理上一定做长期负债，增加了长期负债，就会增加我们的资产负债率，现在我们发的是永续债，永续债就是永远持续的意思，永续债投资者投着投着投成了股东，因为我们不承诺哪一天我们把资本金还给他，投资者投成股东，在会计处理上就可以做进所有者权益，这样就不会增加我们的资产负债率。

70%的资金怎么来？通过项目融资的方式，先设立一个项目公司，投资方作为项目发起人。这也是在资本运作上的创新，我们抛弃传统的买贷卖贷等一系列融资方式，银行不是把钱贷给企业，而是把资金贷给项目公司，卡西姆这个项目，我们只提供物理完工担保，如果以传统融资方式提供全额担保，那企业就无法进行更多的项目。在这个项目上，我们提供物理完工担保，意味着当建设期结束，物理完工担保就可以解除，我们集团可以节省担保资源做更多项目。只提供物理完工担保对银行来说风险比较大，银行把钱直接贷给项目公司，银行就需要很多的支持，首先需要巴基斯坦政府给我们允许在当地售电的特许权协议。工程公司要跟项目公司签好EPC交钥匙合同，购买者要签好PPA协议，供应商要签署长期的供煤协议。这种融资方式，是在"一带一路"BOT模式下用得非常普遍的一种融资方式，也是改变了传统的贷款模式，使得我们的企业从传统担保模式中解脱出来，以此开拓现代融资方式的新纪元。

信

黄能权

（加州州立大学教授）

本文基于个人想法，从学术角度，对"一带一路"数字联通、数据治理等问题，进行分享。

一、诚信的内涵

1. 古今之诚信

在数据结构和数据治理中，真正要达到的目的是"信"。为何是"信"呢？"信"又为什么这么重要呢？主要是因为现在和过去的社会不一样了。在过去的环境里，大家都是面对面谈事情，是在大家能看到对方，有一定程度了解的情形下进行交易。而现今的环境中，从事交易的双方，不一定能像过去一样，大家面对面，相互认识了解，再从事交易。所以，怎么把"信"在这样的情境下建立起来，有一定的困难，但又显得格外重要。因为中国有五千年悠久的历史，源远流长，很多先人留下来的东西值得我们学习借鉴。因此，当一开始思考"信"

这个字的时候，很自然想到先哲们的经典语录。在《论语·颜渊》篇里说到，"民无信不立"。而《孟子·离娄上》篇更提出，"诚者，天之道也；思诚者，人之道也"。在古圣贤的教诲中，我们可以将诚信解读为做人做事的基本道理。在传统的社会里，诚信主要是经由道德约束来达成。因此，道德规范是我们做人做事的底线。但是现今的环境里，用道德约束相对不容易。在这样的情境下，到底应该怎么做才能真正达到诚信、言行一致，特别值得我们深思。

2. 诚信四原则

而诚信是中国独有的吗？从西方的角度来看，诚信包含了 credible，believable，和 trustworthy。单从字面上来理解，这几个单词似乎也有层次。再深入一点的探究，credible 应该是有可信度的，而 believable 是可以相信的。相对地，trustworthy 是代表了值得信赖的意思。如果这个解释是正确的，那也就说明了诚信应该是可以逐步形成的。在这三个层次之下，诚信又包含了什么原则呢？本文认为有 be honest（言行务必一致），be reciprocal（坚持互惠态度），be responsible（承担应有责任），be transparent（强化透明往来）几项。从"一带一路"的角度来看，首先必须做到第二个。那就是 be reciprocal（坚持互惠态度），即在"一带一路"倡议里，要营造多方共赢的环境。不仅中国得利，所有的周边国家也会得利。进一步而言，坚持互惠态度，可以让中国在"一带一路"的氛围中，跟周边的国家建立既长期又深入的合作关系。因为"一带一路"不是短期现象，而是一个长期发展的计划。除了考量经济层面以外，更要思考非经济层面对经济层面可能带来的影响。这些非经济因素包括了当地合作国家的文化、风俗、教育、社会、政治、人文等。只有将方方面面都考虑到了，才能和周边的国家营造出良好的氛围，增强长期合作的可能性。

至于承担责任，是指当双方交往的时候，必须让对方对我们有强烈的信任感。这个方面的诚信，包含了当事情发生的时候，双方同意的各种事项是否具有可执行性（enforceable）。而在违约发生的情况下，是不是违约

方可以在没有争议的情况下，将违约成本和后果承担起来。而这个责任，又应如何衡量、量化、记录、报告呢？如果这些都能够做得好，就可以降低治理成本，巩固互信基础。同样的，为达到透明往来，应该有一个系统和程序，通过这个系统和程序，逐步强化治理系统，就能让数据更透明。当治理系统逐步完善之时，透明度自然可以强化，进而建立诚信机制。

3. 治理机制与诚信四原则

建立并且完善一个治理机制，有助于实现诚信四原则。但是建立治理机制到底对"一带一路"倡议有什么益处呢？首先它让中国与"一带一路"的周边国家，有一个互信共荣的基础，成为好邻居。一旦成为好邻居，遇到问题时就容易协调，完整的治理机制，可以使协调更有效率和效果。而协调的成果，也可以共享。正如前一位与坛嘉宾所言，中国电力建设集团在国外发展的时候，该公司每一项计划都会有一个建设期，接着BOT（build-operate-transfer，建设-经营-转让），最后再将该项计划转移给所在地国享用。这样的合作，在建设期，使所在地国许多多余的劳动力得到解放，而在BOT期中国也从实际经营中得到利益。当BOT期过后，所在地国可以享用建设剩余的年限。这种共建共享的思维，也可以运用到数据治理和分享平台的建设上。

三、数据治理机制的实现路径

1. 数据有效监管

数据治理机制，又该如何落实呢？这个问题涉及几个不可逆的现象。首先，在当今社会里，信息技术是不可逆的。从会计和财务人员来看，不管我们懂不懂信息技术，能不能在信息环境之下做好会计和财务的专业工作，信息技术总是会不断地往前走。信息技术不断地往前发展，它是不会等我们的。所以，会计系统信息化的趋势，也必然是不可逆的。我们要用信息系统，是因为它是一个平台。譬如大家谈论互联网的时候，都了解互联网在带给我们许多好处的同时，也产生了不少的问题。在互联网的问题尚未完全解决的当下，如何赋予互联网更大的希望，将它转变成价值网呢？在这个转变的过程中，又将其运用在"一带一路"的情境里，一定要建立数据标准，再根据这个标准进行操作。如果信息可以顺利运行，同时又能保证信息的可靠性，当信息可靠性达到一定程度之后，就可以在平台上做价值交换了。像区块链，这是一个可以保证信息可靠性的价值交换平台。有了这么一个平台，再强化相关的监管，就比较容易形成共识。在"一带一路"倡议下，监管并不是归哪一个国家管，而是每一个国家，都能通过同一个信息平台分享数据，各自进行有效的监管。而在完善的数据治理机制下，它也会为我们提供一个既完善又及时的财务报表和连续审计的场景。这样的审计，就是监管中极其重要的一部分。

2. 达成标准共识

在"一带一路"倡议的理念中，也有一个显而易见、多方参与的场景。在这样的场景里，需要营造共识。那共识是什么？毋庸置疑，它就是通过同一个信息平台，分享可靠的数据。要达到这个境界，数据的品质非常重要。要能保证数据不造假，也不能被随意篡改。即使是小微企业也要达到这样的状态。有些人对区块链存疑。但从它发展的过程来讲，一开始，大家都是谈公有链。然后，有人说公有链是窒碍难行的。于是又有人谈私有链。但是，又有人认为私有链运用的范围太狭隘，无法完全体现区块链的用途和功能。因此，建议以区块链为理念，将几个企业结合，形成联盟链。这些情形告诉我们，只要有良好的信息技术，建立好治理机制，数据就可以核实，有效地追溯，审计起来也就更方便了。至于治理方面，除外部沟通之外，企业内部也要约束自己的行为。在良好的环境下，通过完善沟通进行治理，约束企业行为，靠的是高品质又有效的数据，仗的是高效率又可靠的信息平台。

3. 运用信息技术

在信息技术的催化下，许多财务和会计专业人士，不禁要问，会计功能改变了吗？以本文之见，会计的功能，还是从数据收集、记录、汇总、

报告、审计，到数据监管。不同的是数据治理的平台与技术。例如，大数据如何收集？通过什么模式做预测？如何除错、整理、再分析数据？现在有很多人是做平台整合，也有人运用加密技术、建设区块链，加强数据和记录的真实性。也有人用加密和区块链做智能合约的底层技术。但也有人担心加密技术会被量子计算取代。虽然这些担心，似乎尚嫌过早，但总有一天，现在通用的加密技术还是会被破解取代的。不过，随着信息技术的快速发展，新的技术会发展出来填补空缺。就如同从数据库到云计算，从传统财务报表的编制到可扩展商业报告语言（Extensible Business Reporting Language，XBRL）的运用，从公有链走向联盟链，从机器学习演进到人工智能，从定期审计到连续审计，等等。这些都是信息技术发展必经的历程和多年累积的成果。

四、"一带一路"情境下的数据治理

由于这些和财务会计专业有关的信息技术变化，我们有时难免会问自己，到底是早生二十年好，还是晚生二十年好？如果早生二十年，就不用担心这些变化了，社会变化这么快，不必烦恼，只要退休就解决了，日子也可以过得很惬意。但是，再想想，如果自己晚生个二十年，那该有多好。这个社会有太多的不确定性，有太多的挑战，但同时也充满了机会。所以，要鼓励一下在座的年轻朋友，大家所处的年代非常好，正所谓"生逢其时"，因为你们的机会很多。在信息技术的环境里，它也帮我们解决了一个重大问题，那就是财务和会计专业人士，不必再做太多重复性的工作，也释放出很多时间和精力。因此，财务会计人员可以全心全力地，投入高端的工作，做判断，做会计准则的选取，做调整，这也让高端财务和会计人才更受企业重视。为能培养更多的专业人才，我们必须要在课时上做调整，课程上做变动，让学生以 IT 为基础，用信息系统做平台，提升专业能力。如果区块链顺利发展，那数据本身的真实性是可以确认的。在"一带一路"情境下，我们又将如何完成会计报表、达成数据共享呢？可以把这个问题分为两层：先在区域内形成共识，制定一套会计公认的财务报表准则；再容许各国根据各自的法律、规章、准则调整报表，使得财务信息能完整地体现企业的经营状况。

五、结束语

最后，引用习近平总书记在上合青岛峰会上的讲话，做一个简单的总结。中国一向主张四海一家。在"一带一路"倡议下，为达到四海一家，我们要讲诚信，要和衷共济，要诚信互补，要机制透明。而我们营建数据治理的初衷，是要让数据更透明，减少争议，这样就可以协和万邦，营造多赢，创建天下为公的大同世界。

大数据与 XBRL：
数据标准与应用

刘世平

［吉贝克信息技术（北京）有限公司董事长、教授］

本文的主题是数据治理，主要探讨大数据与 XBRL。目前吉贝克主要从事大数据应用及 XBRL 应用。在今年 5 月的中国第四届数博会上，吉贝克荣获 2018 年"中国大数据企业排行榜"金融行业应用全国排名第一，算法模型排名第二的殊荣，彰显吉贝克在我国金融行业大数据应用及数据治理方面的领导者地位。

一、大数据概述

大数据的定义有很多，它是更加广泛和更加深入的数字化，是全世界范围内的互联互通。数字化不是电子化问题，而是思维方式的改变，也就是当我们在做决策的过程中如何用数字考虑问题。

大数据的概念以及发展过程可以追溯到 1987 年。当时在美国有一家公司提出了数据仓库的概念，到现在已有 31 年的时间。大数据的发展历程从技术方面分为四个阶段：一是数据仓库；二是 IBM 在 20 世纪 90 年代提出的算法和数据模型；三是 20 世纪 90 年代末期的商业智能；四是 2011 年麦肯锡系统地提出"大数据"的概念。麦肯锡为定义大数据提出了三个关键词：创新、增强竞争力和提升效率。这三个关键词与我国现阶段的经济发展密切相关。例如，我国制造业提出"从制造到创造，从模仿到创新"；大数据增强竞争力，大数据技术的目标就是提升竞争力和生产效率。

大数据的演化和发展。首先，任何一个企业的发展一定有财务数据，最早信息化发展 ERP（Enterprise Resource Planning，企业资源计划），跟财务有关；其次是跟营销有关，即 CRM（Customer Relationship Management，客户关系管理）；再次是网络的发展产生了大数据。这里面非常核心的部分是存储技术和数据分析技术的发展。大数据在各个行业应用非常广泛，包括金融、零售、医疗、政府、能源等。在我国目前应用最好的是金融、电信行业，近两年政府大数据应用也非常广泛。为什么金融行业应用比较广泛？因为大数据可以提升金融行业的竞争力。另外，金融行业也有实力投入大数据建设。

大数据的价值可简要归纳为"总结过去，掌握现在，预测未来"。无论是一个机构、一个城市、还是一个国家要做好大数据建设，都需要具备四个基础。第一是要有很好的系统规划，制定大数据应用蓝图。吉贝克正在做的规划项目包括我国商务部大数据战略和规划。第二是可靠的数据基础，数据治理和提升数据质量非常重要，尤其是财务数据需要诚信，这是非常重要的。第三是高级数据分析能力，尤其是财务数据的分析能力。第四是数据安全。最近广受关注的 Facebook 数据泄露和隐私问题，充分证明数据安全的重要性。

大数据的发展过程即数据的整个发展和演变过程，先把分散在各个地方的数据进行有效整合，提炼出数据中有价值的信息，再结合各个行业的知识运用到决策过程当中。当今世界各个国家都在发展大数据，最早是美国，在 2012 年便把发展大数据真正提升到国家战略层面。我国也非常重视

大数据发展，在 2015 年由国务院发布了大数据应用战略和规划以及 2025 规划，在《促进大数据发展行动纲要》中提出"一个核心"和"五大目标"。"一个核心"：大数据发展的核心是把我国建成数据强国；"五大目标"：社会治理新模式、经济运行新机制、民生服务新体系、创新创业新格局、产业发展新生态。大数据战略受到我国顶层领导人高度重视，习近平总书记参加了第二届中国国际大数据产业博览会（简称数博会），李克强总理参加了第三届数博会，为我国大数据发展指明了方向。2017 年 12 月 8 日，习近平总书记在中央政治局会议上提出，推动实施国家大数据战略，加强完善数字基础设施，推进数据资源的整合、开放和共享，保证数据安全。

大数据发展的趋势是更加博大精深，更大范围采集数据，更大范围搜索数据，更大范围地关联数据，数据的关联非常重要。在大数据建设过程中，有五点非常重要：一是建立数据标准，即数据的治理；二是不断提升大数据的数据质量，数据质量包括及时、准确和完整；三是基础设施；四是共享机制；五是数据挖掘和分析能力。

二、XBRL 及其应用

数据标准的建设最重要的工具是 XBRL。XBRL 的概念提出是在 1998 年，至今已 20 年。2000 年 XBRL 国际组织成立，至今已 18 年。2008 年 XBRL 中国地区组织成立，至今也已 10 年。吉贝克从 2003 年开始推动 XBRL 中国地区组织建立至今已 15 年。当时推动 XBRL 应用的起因是本人第一次看到 XBRL 时非常兴奋，XBRL 真正能够达到数据标准的统一，实现"书同文、车同轨"，大量节约数据交换成本。数据如果不统一会增加很多成本。从数据标准化，数据的共享再到信息化，这是数据治理的整个过程。

XBRL 是一种语言、一种格式和一种国际标准。当我们采用了国际通用的分类标准后有一个好处，就是可以走出国门，拓展国际市场。当年上海证券交易所对 XBRL 应用非常重视，正是因为上海证券交易所希望走出国门，希望开拓东南亚国家市场，当时第一个目标是越南，第二个目标是老挝。同样，现在"一带一路"沿线国家要实现数字联通，XBRL 是非常重要的工具。

目前我国持续应用 XBRL 且应用非常广泛的包括上海证券交易所（简称上交所），上交所上市公司信息披露采用 XBRL 标准，上交所所有企业信息发债标准和信息收集标准均采用 XBRL；全国社保基金从 2008 年开始至今也是采用 XBRL；我国 22 000 家私募基金公司，信息也全部是通过 XBRL 报送到中国证券投资基金业协会（简称基金业协会）。最近有件事引起比较大的轰动，我国基金业协会会长洪磊，通过 XBRL 系统把全国 57 万亿元款项（包括 12 万亿元私募基金，13 万亿元公募基金以及理财产品），将钱从哪里来又投向哪个行业的整个流程向国务院进行了汇报。现在我国要求 22 000 家私募基金信息报备登记。另外，中证报价、银行间市场也都在使用 XBRL 体系。XBRL 应用的范围在我国已非常广泛。

XBRL 的价值在哪里？2001 年我国公募基金在应用 XBRL 之前报送出错率为 13.9%，应用 XBRL 之后出错率降到了 1.3%，每天闭市后所有基金交易情况通过 XBRL 报送到基金业协会。XBRL 可以将每一只基金的规模、资产净值等信息及时传送到证监会的基金部，基金部可以快速判断是否存在异常情况，极大地提升了监管的及时性、准确性和有效性。

三、大数据在政务领域的应用

我国政府部门近年也在大力推广大数据应用。吉贝克携手浙江省余姚市共建的"城市大数据平台"，是全国唯一一个能把全市 46 个局委数据收集整合起来的平台，其建设共用了 6 年时间。整合数据为何如此艰难呢？最主要的原因是各个局委数据标准不统一，统计局、财政、公安、卫生数据各自独立，当进行全市决策时只能盲人摸象。余姚市用 6 年时间完成数据的统一和标准建设之后，城市大数据平台提出了"服务市政府公共决

策，服务企业转型升级，服务智慧城市"的目标，大数据应用服务于市政府、各委办局和城市市民，并开发了数十个政府大数据应用场景，取得了良好的成效。如利用人口分布进行教育、医疗资源的分配。我们还通过数据分析余姚市130多万人口，发现在29岁后，余姚市女性的数字比男性多，说明女性比男性更长寿，非常准确。在社保大数据应用方面，通过企业缴纳社保人数动态的变化趋势可以判断出企业的发展趋势，快速搜寻出余姚市优秀中小微企业。建设城市大数据平台首要是建立统一数据标准。如果没有统一数据标准，每一个局委的系统开发都各自为政，就像有人讲上海话，有人讲江苏话，有人讲陕西方言，根本无法沟通，解决方法就是大家一起讲普通话。要为余姚市40多个局委建立数据统一标准很困难，让大家把数据贡献出来同样困难。但建立了这样的体系架构，所有数据统一之后，市领导指挥城市建设的过程就会很容易。他们可以非常快捷地预估本市未来哪些行业税收会增加，哪些行业税收在减少，哪些行业发展势头良好。

余姚市通过公安数据和流动人口的数据碰撞，可以快速找出犯罪人员中有哪些人员来到本市。金融局数据分析系统通过非现场审计可以防范非法集资、小规模金融机构和准金融机构带来的财务隐患。吉贝克与河北省人力资源和社会保障厅共建的大数据平台在死亡人口的大数据应用方面取得了显著成效，河北省连通民政系统和卫生、公安死亡人口数据，一年追回一个多亿死亡后继续冒领的社保基金。人民网、人民日报均报道了这一新闻。余姚市死亡人口大数据应用也追回300多万元冒领的社保基金，成效显著。余姚市利用大数据对全市100多万人口以及几万家企业进行评级，通过对每家企业进行画像来规划企业未来发展，通过大数据人口画像对全市医院和学校等进行规划，按照大数据的体系科学架构，建设更美好、更智慧的城市。

数字化时代的平台赋能

程操红

(用友网络科技股份有限公司副总裁兼 CTO)

本文阐述的内容偏重数字化技术。论坛安排的主题是数据治理相关的，包括数据架构——目前在整个数字化转型的大趋势下，在新技术、新业务模式不断产生的背景下，业界对于数据的治理、数据的架构、数据的使用都发生了明显的改变，跟以前传统的建主数据、系统集成产生了很大的差异。这些变化的背后，需要不断有新的方式来解决未来数字化企业的整体架构问题。结合用友这几年在云的转型过程中和各类企业（包括走到国门之外的企业）合作的经验，本文分享一下用友的思考。

一、数字化时代组织的关键特征

在数字化转型背后，不仅是数据问题。以数据驱动为核心，整体是带动很多业务模式的变革，也带动组织的变革，内容非常多，远远超过 ERP 实施过程中所面临的问题。京东蔡磊副总裁在前面的演讲中提到过，数字

化时代,各行各业的企业和组织,大家都充分认识到了这个问题,很多CIO(Chief Information Officer,首席信息官)和业务走得越来越近,还有很多企业开始出现首席数据官、首席创新官,新的职位适应时代的进步,业务的发展在不断产生。

数字化时代的关键特征,众说纷纭。数字化转型是什么?企业在不断拓宽自己业务边界的时候,到底如何驾驭数字化关键技术来提升竞争力?业务模式到底应该如何优化甚至重构?组织和机制到底怎么变革?这里面有很多学者和企业进行了深度的实践,本文结合用友跟客户的实践经验,做了一些总结:技术换代让许多不可能变成了可能;基于新技术业务模式不断创新,正在发生根本性变化;组织机制从科学管理走向赋能。

1. 技术换代

新技术,主要指的就是云计算、移动互联网、大数据、人工智能、IOT(Internet of Things,物联网)及区块链,6大技术在整个社会的应用越来越广泛和深入。拥抱并驾驭好新技术,意味着巨大的价值创造和市场优势。比如阿里从2014年起在电商移动互联网层面抓住很大的机会,手淘的注册及活跃用户突飞猛进,进一步把移动端流量牢牢掌握在自己的手里。新技术层面,为了更好地去理解和落地,用友做了一些总结,数字化时代的技术模式如图1所示。从现象上看,包括无人机送货、智能试衣镜、虚拟机器人、智慧仓库、比特币等很多东西层出不穷,但站在技术本质角度理解,用友认为有6大模式发生了变化。

第一个是计算模式的变化。原来企业自己做机房,现在云计算可以让创新成本降得更低。在"一带一路"推进过程中,早期怎么通过云计算的方式快速推进自己的业务?跟国内开连锁店一样,有些店快速扩张过程中,发现云计算的模式可以帮它极大地节省成本。现在很多店铺的新增长,不在于店面装修问题,更多在于IT支撑问题,包括财务核算等一系列问题,它能够很快地复制一个店铺。

第二个是架构模式的变化。现在完全是分布式架构,基于区块链更是可以实现一个去中心化、可形成共识的架构。在这个架构上，应用和基础技术都会面临全新的挑战。

第三个是交互模式的变化。以前通过 PC（Personal Computer，个人计算机）做一些单据、页面，现在交互方式发生很大变化，用友推出财务机器人、小友智能语音、智能对话、虚拟眼镜，很多方式应用在不同的场景。用友在制造行业很多地方，通过 VR（Virtual Reality，虚拟现实）技术很容易让技术工程师更好地理解原有的复杂机械结构。这个交互模式层出不穷，随着 IOT 的产生，交互模式发生变化，很多数据不需要人工录入，是通过传感器自然地采集数据。数据原来是结构化数据，现在是半结构化、非结构化的数据，大量地产生，包括通过 OCR（Optical Character Recognition，光学字符识别）对财务单据原生凭证做识别产生的数据。

第四个是流程模式的变化。流程和业务特点、组织管理制度、甚至企业文化都有关系。比如从技术人员的角度看，用友一直认为报销这件事太麻烦，怎么通过"重复信任＋授权"的方式去简化报销审批流程，但同时又能通过大数据的技术保证合规，这也是非常值得探索的方向。

第五个是开发模式的变化。开发模式在新技术的驱动下也发生很大的变化，研发组织和团队的开发模式，开始走向 DevOps[①]，走向大中台小前端的中台模式。在这种模式下，研发和业务团队的协作方式，也出现很多变化。

第六个是数据模式的变化。数据模式的变化主要体现在数据结构、数据规模及数据处理方式方面，从结构化的数据到非结构化、时序数据及图数据，数据规模海量增长，数据处理更加实时，数据湖技术让底层数据进一步连接和共享，同时大大提高数据的共享程度，提高数据的利用价值和效率。

---

① DevOps（Development 和 Operations 的组合词）是一组过程、方法与系统的统称，用于促进开发（应用程序/软件工程）、技术运营和质量保障（QA）部门之间的沟通、协作与整合。它是一种重视"软件开发人员（Dev）"和"IT 运维技术人员（Ops）"之间沟通合作的文化、运动或惯例。通过自动化"软件交付"和"架构变更"的流程，来使得构建、测试、发布软件能够更加快捷、频繁和可靠。

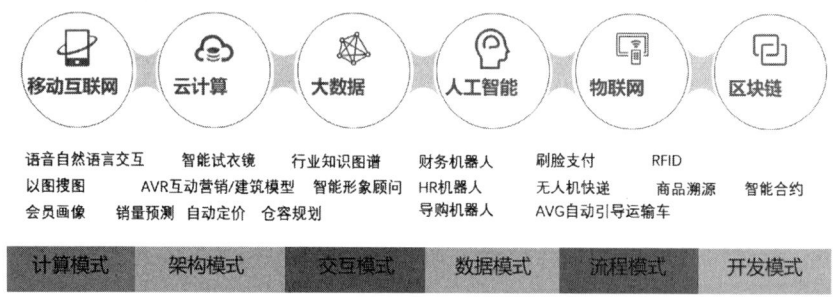

图1 数字化时代的技术模式变化

2. 业务重构

数字化时代的业务重构思路如图2所示。技术终究是为业务服务的，业务层面，原来客户关注更多的是企业内部经营管理，现在越来越多的关注点放在企业在主营业务上面临增长瓶颈之后，能否会积极探索如何基于新的数字化技术来探索新的业务模式。目前很多传统的五百强企业，营业额很高，但是市值相对比较低，拥有较好商业模式的互联网公司，营业收入增速很快，其市值也不断得到市场的认可。如何通过"互联网＋"、数字化技术重构原有商业模式？十年来业界做了很多探索。很多企业从一开始学互联网开网上商城，做粉丝圈、会员营销，慢慢地，到越来越多制造企业、传统零售企业走到更深的业务模式的道路上，开始积极探索并推进全渠道打通。用友给很多大的品牌商在做新零售/数字化营销，很多企业在供应链上开始达到更高的效率，这种效率在原来很难实现，但当数据量、算力和算法都有显著提升的时候，会发现快消品，尤其是标品的定价、库存规划、仓容规划等就可以取得比较好的结果。

在许多生产制造企业，传感器开始被大量密布到工厂设备和生产线中，用于环境监测、生产过程控制、设备故障监测及产品质量检测等，无

业务重构

```
市场/营销  →  制造/供应链  →  业务模式

• 线上营销渠道    • 全渠道打通       • 产品制造到产品运营
• 创新互动方式    • 智慧供应链       • 独立经营到生态融合
• 统一会员管理    • 智能工厂/制造    • 数字化智能化运营体系
• 精准会员营销    • 客户驱动的产品创新 • 金融嵌入和资本运作
```

客户导向	场景创新	产品运营	生态融合	金融嵌入	全面连接

图 2   数字化时代的业务重构

人工厂/数字化工厂在先进的企业开始试点并投产。这些事情真实地发生在我们身边，我们在传统的制造行业会发现，通过这样的 IOT 技术，我们就可以通过对大型设备的运行进行数据分析，提前预测设备即将出现的故障，我们也可以通过对需求和生产的匹配，更好地降低库存，提升产线效率，减少人员及能源消耗，这是可以看到的现实。产品运营模式也在发生变化，原来很多制造厂商只负责制造和销售产品，但在产品售后层面的增值服务及运营没有开展起来，现在发现很多品牌制造商会开展这些探索，不仅是卖出产品，还在产品全生命周期里为消费者提供后续一系列的服务，包括易耗件的订购、丰富的售后及增值服务，结合这些用户数据也可以更好地优化自己的产品。

3. 组织变革

数字化时代的组织变革思路如图 3 所示。如果说新技术是数字化转型的驱动力，业务模式创新则决定了转型的方向和目标，要想坚定前行，沿着方向真正去实现最终目标，组织文化和机制是重要保障，保障我们不忘初心不会走偏，保障我们攻坚克难携手并进。现在观察到很多企业，在做推进的时候，技术上有挑战但短期内并不是瓶颈，用友、浪潮以及其他云

厂商在关键的技术赋能层面是可以做很多工作的。用友发现很多企业和组织的文化、机制及管理没有匹配上整个数字化时代的赋能模式,现在这个时代的组织,需要更多人发挥他们自身的创造性、能动性和自驱性,让一线听见炮火的人面对客户和市场的真实需求可以并有能力做出快速响应。在这样一个充满不确定性快速变化的数字化时代,若还是拿以前科学管理的方式,像管流水线上的工人一样,强行定制 KPI(Key Performance Indicator,关键绩效指标),数字化转型或重生就很难达成。如何打造一个充满活力的赋能型组织,让员工真正有主人翁的担当,去打破协作边界,去真正聚焦客户价值而不是短期 KPI,这是在数字化时代非常重要的问题。在"一带一路"倡议跟相关企业相关利益方合作的时候,这同样也是非常大的一个挑战——怎么一起创造利益、创造利润、创造价值,并且共同分享价值。

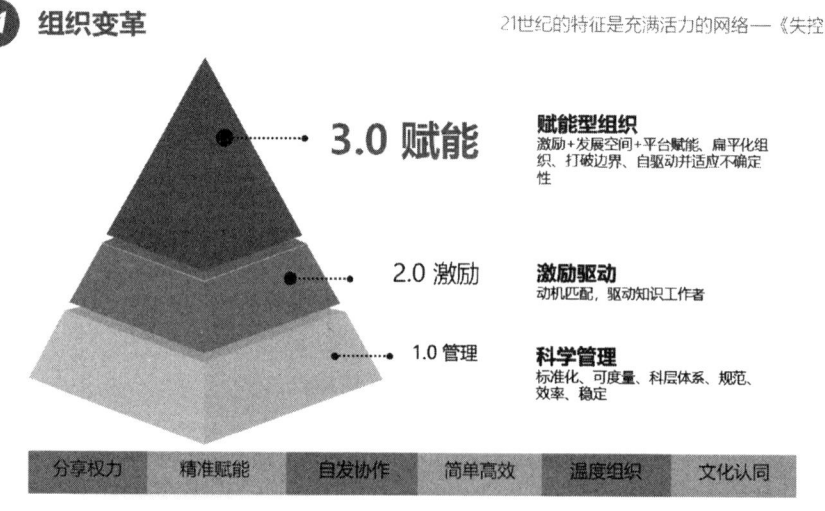

图3　数字化时代的组织变革

二、数字化时代的云平台赋能

数字化时代的云平台架构如图 4 所示。上海国家会计学院李扣庆院长先前谈到铁轨问题，怎么从基础设施，原来纯公路铁路的基础设施跨越到数字化的基础设施。同样在数字化的基础设施里，用友认为也是有软和硬两方面——在技术层面，业务的基础支撑层面有很多硬的东西要实现，在文化、机制、组织变革方面有很多软的东西需要引导。平台赋能需要软硬兼施，具体来说，硬功夫方面包括云计算、微服务治理、中台架构、大数据技术及 AI 等，例如，怎么把数据放到统一的存储架构（类似数据湖）里，用不同维度去做分析、去洞察并应用到实际业务控制和决策中，还包括混合云架构支撑（考虑到大型企业有遗留的传统 IT 资产）；另外还要提供多端交互模式和多端化技术，并提供快速灵活地构建创新应用的开发体系，这些都是硬功夫。软实力则聚焦于构建开放合作、自我驱动、智慧、灵动并充满活力的组织。用友云平台的设计理念里软硬两个方面都有比较深入的思考和实践。

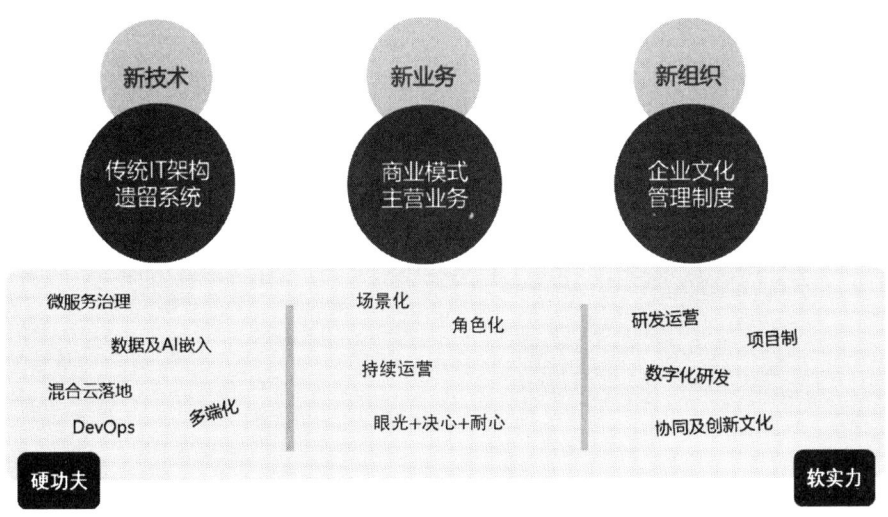

图 4　数字化时代的平台赋能

1. 用友云平台的"四花一草"

硬功夫用友总结为"四花一草"，分别代表不同的能力集合。如"百合"，要解决在微服务上的应用架构升级问题，数字化时代，在企业服务

领域，不能再制造一堆的烟囱系统，然后再用传统的方式把离散的孤岛连接起来。而应该借助技术换代的机会，尽早考虑构建统一、融合的基础数据和应用数据的中心，并在发展过程中不断发展进化，这也是中台理念的重要体现。用友云这两年就在做这个工作，比如我们发现原来的协同服务、财务服务、人力服务里面都有组织里的人，这个人是割裂的，现在统一起来之后，围绕统一的人或者人所属的组织，信息完全融合了，流程畅通了，这个人的画像也是完整的。用友云平台应用架构升级如图5所示。在整个财务的制度、流程里是什么样的角色，做什么样的事，协同系统里跟谁一起沟通，做什么项目，人力服务考核怎么样，人员画像、能力标签是什么样，这是完全打通的。打通后有很多创新的东西可以做。融合的关键在于提供统一融合的数据或者基础数据的服务，这种服务就能够帮助组织整合数据，彻底避免简单的集成问题。

图5　用友云平台应用架构升级

对于人员和组织的统一入口、统一建模，在"一带一路"中如果要搭建企业间的协作平台和体系，就会面临这样的问题。用友在做很多园区型或者产业链型云的服务时发现，很多创新应用不仅仅涉及企业内人与人之间的关系，更是涉及产业链企业间人与人的关系，比如最常见的营销和采购领域，经销商、渠道商、供应商等角色基于企业及企业关系会发生变化。这些如果能够统一管理起来，会避免很多系统打通和集成的成本，整个协作的流程体验也会更好。在很多新构建的应用上推"百合"，尽量融合统一的数据基础，并适当兼容暂时还发挥重要作用的遗留系统，实现应用架构的全面升级。

未来5～10年很多企业的IT架构如图6所示，很难完全变成公有云，而是一套混合云的架构，主要混合了三个部分：第一部分是相对稳定成熟的后台系统（如ERP管理系统及以其他一些重流程管控类的应用系统），后台系统随着组织及业务的发展，有些功能会逐步或被中台能力及创新应用替代；第二部分是大中型企业非常关注的中台及前台创新业务应用，主要覆盖的是企业的核心业务，业务变化度很高，客户响应速度要求很快，需要持续建设和沉淀；第三部分则是直接从外部云厂商订阅的公有云服务，比如采购云、人力云等。在混合云的架构里，一般会要求有统一的企业业务入口，也可称作数字化工作的入口，底层则需要建设强大的数据中台，来提供统一的数据存储、加工、分析以及数据智能嵌入式的应用。

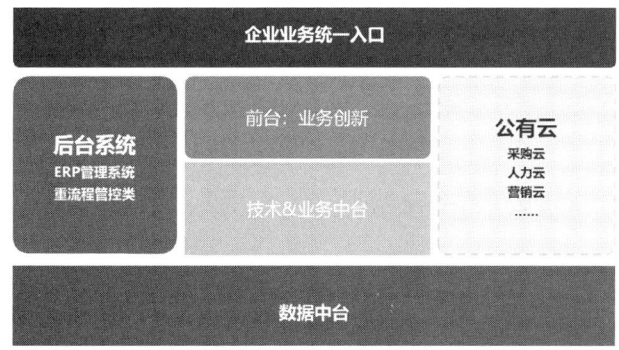

图6　未来企业的IT架构

数据平台主要解决数据的底层基础，首先解决存储和分析的问题，现在数据平台明显出现两个不同的发展分支。以前常从数据建模、数据仓库、数据分析、报表、管理驾驶舱的方式入手，现在AI技术发展起来就

不同了。如"含羞草"，用友云平台在大数据、AI 方面的技术突破如图 7 所示。原来人工做一些 BI 分析、商业建模，现在 AI 时代，机器识别能力和人不一样，它对原始数据的要求也出现变化，基于各类业务系统、设备产生的大量日志数据及社会级基础数据，在统一融合的应用架构下，用 AI 引擎不断优化算法做特征模型训练，会远远超过原来人在做数据仓库和数据建模阶段所达到的效果，不再是简单分析，而是真正实现控制和决策。

图 7　用友云平台的大数据及 AI 技术突破

2. 组织的企业文化管理

组织层面，我们的产品回答了数字化时代比较根本的问题，就是要达成一种共识。不管在小的组织（几十人规模），还是在大的企业，抑或是"一带一路"关系到很多企业和利益相关方的时候，怎么样形成共识一定是非常重要的。共识往大了说是文化，是价值观。"一带一路"推进得好的话，是不是"一带一路"层面会有一些共识，这种共识如何在每一个业务、每一个相关组织和人的层面能够彻底贯彻下去？

在用友云落地的过程中，我们把人性化、游戏化、情感化的理念贯彻到项目运作，贯彻到协同沟通服务，贯彻到人员考核。通过这些方式，将企业或组织的价值观进行分解，比如用友的价值观是用户之友、专业奋斗、持续创新。这些价值观可分解为各种各样更接地气的标签，标签设计完之后，在工作的每一个环节，会根据你在这个环节的表现赋予你相应的标签，这个标签多了，相应人员或者组织就会形成画像。以前在一个为期6个月的项目里，很难说这个项目为什么你表现最优秀，如今在6个月过程中有很多项目价值观要求，我们需要敢说真话，需要创新，需要敬业，需要协作，需要辩证思维，领导交办下来的任务，结合实际工作的情况可以表达不同意见，这种风气的引导会非常直接且透明。我们希望看到专业创新，希望你在产品和技术落地时有很多新思维，那么我们就会针对创新的维度有一个排行榜。把这套体系贯彻到每一个产品的环节中，这样会重新定义原来工作的各个环节。用友针对新组织的企业文化管理特色如图8所示。

荣耀项
文化价值观标签化分解
精神激励+物质激励结合

创新互动
重新定义各种工作场景
融合游戏化/情感化/人性化设计

文化墙/雷达图
企业文化诊断
员工价值观/胜任力画像

暖心权益
节假日及福利的资源池
员工专属身份及权益定制厂

图8　新组织的企业文化管理

从数字鸿沟到数字联通——IT在 "一带一路" 沿线国家会计领域 的应用前景

刘　勤

（上海国家会计学院副院长）

一、人类信息传递途径的演变

千百年来，世界上流传了很多传奇的故事，这些故事不少跟人类通信密切关联。传说在公元 490 年，希腊在与波斯的战争中取得胜利，传令兵被命令迅速将胜利的消息通知到雅典城，经过 25 英里的不间断奔跑，传令兵在到达雅典城后只说了一句话："欢庆吧，我们胜利了"，就倒地而亡。后人为了纪念这次正义战争，同时也为了纪念这位传令英雄，设计了一个体育项目——马拉松长跑。这个故事既是体育项目诞生的故事，也是古人用长跑进行信息传递的故事。除此之外，烽火传递、驿站传递、鸿雁传递、灯塔传递等都被载入世界通信发展史册。

远古时代，信息传递主要靠肢体语言、口耳相传、实物传递等方式，传递速度很慢、不准确，容易失误。

古代，有人发明了驿马传递、烽火传递、长距离跑传递等方式，传递速度还是很慢，信息量相对也比较少。近现代，现代邮政诞生，电报和电话发明，烟幕弹、雷达和激光发明，这时候的传递速度已非常快，实时性很好。到当代，光纤通信、微波通信、卫星通信、量子通信，新的网络通信风起云涌，相对以前传递方式，速度更快、实时性更好、信息量更大、安全性更好。

尽管我们现在已经进入量子时代，但是还经常听到一些故事，说某某地方交通基本靠走、通信基本靠吼，这说明在不同的国家，不同的地区，不同的群体之间依然存在明显的信息鸿沟。

二、数字鸿沟与财务信息化的发展趋势

一份由国家信息中心工作人员发表的研究报告表明，"一带一路"沿线国家在信息基础设施方面的发展水平还存在显著差异，即存在着数字鸿沟，数字化水平最好的是新加坡，最差的是阿富汗、缅甸、伊拉克。这个数字怎么得来的？依据统计数据，设计一个权重，把 ICT 技术基础设置为 40%，包括人均 GDP、成人识字率、宽带速度和资费等，另外的 60% 是关于固定电话、移动电话、电脑、固定宽带和移动宽带的普及率，最终按分数多少排序，最高的国家超过 90 分，最低的国家只有 10 余分。统计结果表明，各国在移动电话和家庭电脑普及率方面，差距没有像固定宽带方面那么大。可以说，这个报告充分展现了各国之间存在着明显的信息基础设施差异。

上海国家会计学院的一份调查报告对中国"走出去"的企业做过一些调查，在"一带一路"沿线国家开展财务信息化存在很多障碍，这些障碍也可以称为鸿沟，包括：信息系统不兼容、电力和通信设施不完备、法律和人才方面不匹配等。这说明数字鸿沟在会计信息化领域也是存在的。

在当前的信息时代，最有影响的信息技术是大智移云物区或 ABCD。大智移云物区很好理解，ABCD 的说法则有重叠，A 指人工智能，B 是指

区块链，C 指云计算，D 指大数据。这些技术对当代人类的生活和工作方式正在产生巨大影响。这些技术中哪些技术会给会计人员带来影响？很多国家都做过一些调研或者评选活动。以美国为代表的北美国家认为，当前影响会计人员的信息技术是 IT 环境安全、数据管理和保存、隐私保护、IT 风险管理与遵从。从 20 世纪 90 年代他们开始发布的表单中可以发现，最有影响的技术一直在发生变化，早期最有影响的信息技术还有 PC 机、局域网、杀病毒软件等，IT 环境安全等技术是当前最新榜单的技术。

有人说这是发达国家，跟我们不一样。那么我们看看最大的发展中国家中国的情况。根据我们去年做过的一项调查，影响中国会计人员的前五项信息技术是大数据、电子发票、云计算、数据挖掘、移动支付。在 2018 年的候选技术中，包括财务云、财务知识图谱、财务专家系统、电子档案、电子发票、分布式账本、管理驾驶舱等在内的技术一共有 24 项，我们将经过公众投票从中选出 10 项最有影响的技术并择时发布出来。

信息技术对未来财务有什么影响？业财深度信息一体化、处理全程自动化、内外系统的集成化、操作终端移动化、信息提供频道化、接口信息标准化、信息处理共享化、运营平台云端化、记账模式去中心化、风险威胁的扩大化等，都是未来发展趋势。这些趋势跟几个主流系统有什么关联，跟大智移云物区等技术有什么关联，篇幅所限本文不做过多讨论。

三、跨越数字鸿沟："一带一路"沿线国家的财务信息化的机遇与挑战

对在"一带一路"沿线国家最有可能应用或者可以最快应用的技术，本文认为有四个：财务云相关技术，会计信息化标准技术，移动通信相关技术，财务共享相关技术。①财务云相关技术，即 SAAS 服务、移动网络、云存储、财务软件等技术的组合，这些技术可以跨越现在的数字鸿沟，通过远程的方式帮助信息化较弱的国家利用先进国家基础设施尽快实现先进管理。当然，这个技术在应用过程中也不那么简单，它有可能会遇

到标准、法律、文化、政治、教育等方面的制约。②会计信息化标准技术，除了刘世平教授说的 XBRL，还有条形码、大数据标准、数据接口标准、RFID 等一系列相关标准。遵循这些标准可以帮助各国之间实现各层面的财务信息和业务信息的充分交换和共享。③移动通信相关技术。从前面的调查报告可以看到，PC 机或者是家用固定电话差距很大，但是"一带一路"沿线国家很多人有手机，移动通信更容易普及，差距没那么大，这是可以实现弯道超车的技术，可更快实现与外界的数字联通。④财务共享相关技术，这个技术可以帮助各国跨越国界，共享信息基础设施，共享财务人员、财会专家和先进管理模式。以上四个技术在"一带一路"沿线国家都可以大力推进。

总之，证据表明，"一带一路"沿线国家存在着明显的数字鸿沟，这给会计信息化发展既带来挑战，更带来机遇。挑战是现有的系统可能由于信息基础设施的问题、技术人员支持问题或者是各方面的配套问题，在其他的国家无法运行，进而导致数字联通的障碍。机遇是给中国先进 IT 企业提供了拓展信息技术市场的机会，"一带一路"上 IT 相对落后的国家也可以在财务共享、移动通信等方面用较小的投入实现数字联通方面的弯道超车。

最后，用一句小诗来作为本文的结语：联通依技术，数字筑平台，会计无边界，协同创未来！

Finance 2025:

Predictions and Promises

Jez Heath

(Partner, Deloitte Consulting)

What I want to talk about is a finance function of the future, and this definitely parallels with many other transformations that have gone on, most notably the industrial revolutions. And what we've seen in the finance function is a finance function that moves away from an office that's a little bit like this one—with lots of people and paper all around the office, moving to an office environment—it maybe looks a little bit like this where a lot of processes have been automated. And maybe there's a control function that is managing that automation and managing the processes. But people doing their processes maybe are not doing that the same way. Because the work is changing so fundamentally and the workers that you need—maybe they've been going away quite they look as if there isn't enough into there.

But maybe the workers and their skill sets change quite fundamentally. Therefore, the workplace where that's going to be a more innovative, more thought-beating and more challenging world is not a bank of desks like that, it's somewhere that's a little more collaborative and inspirational. But either way, the old world of a finance function with banks and banks of people processing transactions is likely to go away.

Let's go through our predictions for 2025.

1. Automation and blockchain have streamlined transaction processing. The majority of transactions are now touchless. Headcounts plummet. Human capacity unleashed. A lot of transaction processing is going to be automated, in fact through the use of technologies such as blockchain. Not every move of a transaction is going to be automated, but the way that transactions are processed and recorded maybe looks quite different from how they look today. And maybe the idea of an ERP with a series of different ledgers that keep different accounting entries fundamentally changes, and the way that re-tracks between your different entities, and in fact between yourself, your vendors and your suppliers and the way to record transactions vastly change as well, all through the use of blockchain.

Blockchain at a very high level means a distributed ledger, and what this means is that you can keep a record of transactions that people can use to trade with. People keep the records of transactions and they're guaranteed to be exactly the same, which raises in time questions: Do you need to invoice your vendors now in a world where you can just have a distributed ledger and it says "I'll purchase this from you and you will deliver this to me. Now you need to settle the transaction—the payment transaction." Any both parties keep a record of that and it's guaranteed

to be 100% alike and correct. Do you need to even raise an invoice anymore? Can you shorten dramatically that cash-to-cash cycle for the treatment of a vendor's and a supplier's payments? Anyway, at any rate, the process is going to move towards is still touchless, which means people won't have to be there in the track of those processes.

2. With operations automated, Finance doubles down on business insights and service. Organizational and enterprise boundaries blur. If you still have an invoice—if you need to have an invoice, entering your invoice into the system, having that retained for approval, and having the payment go out, we are putting an end to the automated process, which means the human capacity is being reduced or you can be directed elsewhere. I predict the answer will be that you'll get to be directed elsewhere because of the finance functions today—I know a lot of you are CFOs and have seen finance people drafting the idea "How do I create a great business or provide value to the business? How can I be a better business partner?" That could be as true in the future as today. And the answer to "How to be a better business partner?" is going to be around using better the data that you've got access to. And that could be achieved through advanced and latest technologies that have been touched on in the previous sessions. So how can I do—not only recording and talking to the business users about the transactions that happened in the past and why they happened, but can I predict what's going to happen in the future using algorithms?

And what is likely to apply is: Can I use historical big data for internal transactions and external data in order to predict what my revenue is going to look like tomorrow, next week and next month for? And most more accurate variables change consistently today. Can I combine that with and use that then to predict what my cost is going to look like and what my particular spend is going to look like? And then you can combine all those to come up with much more predictions of what my P&R is going to look like. And that could be my P&R tomorrow, for a week, for a month. Obviously you go out further into the future— actually the prediction degrees.

3. Finance goes real-time. Periodic reporting will no longer drive operations and decisions. If you are looking at the half year performance or the year-end performance—maybe it's not moving significantly into a better place but something shorter and you can come up with much better prediction of revenues and costs and you can better operationally allocate resources with that inventory, cash, other cash flows and human resources, etc. Maybe that's verification of account and store, for example. And these are real cases we are working with right now in a retail space with our clients. In order to make this happen, finance goes real-time. So the way goes with the monthly reporting for management, in particular, which talks about performance.

4. The shift to self-service will accelerate. Radically. Management will move into an environment where they can get performance in real time on their mobile devices. They'll be able to move into a world with their self-service, because they won't be waiting for finance to produce a report that talks about their performance. And they won't be having to go to finance for an ad-hoc report because many months of the facts and value elements are much diminished. They'll be able to create the reports in real time themselves, or they'll be able to use a visualization tool / a dashboarding tool that allows them not only to see the financial performance in a much more visual and human-interpretable way, but

also be able to create that information in order to integrate the data or the performance questions to answer—to form questions for asking. Without having to come to finance to create their reports for them, they'll be consistently able to integrate the data this way in more real time.

5. New service delivery models emerge for operational, business, and specialized finance. Work is completed by a combination of humans, robots, and algorithms. Companies will rethink offshore operations. Service delivery model. It is where the business is able to integrate the data much more readily and freely themselves. The meaning of being a business partner is going to change radically. And the position of a business partner in the organization has been changed radically as well. So is it a business partner or a finance person to stay dedicated to the business unit or is it a business unit person to use more savvy on finance? Is it a combination of those two things? Yet to be determined, it will probably change organization by organization. But what is sure is that because the data is then accessible, the people in the interpretation today is going to be more accessible as well.

The Idea of "Cognitive Technologies". Cognitive technologies at this moment are primarily directed around being an interpretative natural language. So being a contract, for example, and being a generic natural language, and being structured data such as a P&L and a sales report and another structured data and being a sale statement. I understand the performance that drives this and I'll produce in Chinese language, English language and Japanese language a commentary that explains that performance, as I can understand, drives this. And that is touchless as well. And this is the technology today. So the first level of interpretation of financial results is still done by machine. It can already be done today, which means the finance people can dip deeper into numbers and do much more judgmental testing and interpretations of data that machines are not capable of doing.

Service delivery models are around operational finance changes. A lot of them will be automated, which means that the shared services in the next 5-8 years could gradually change. A lot of those operations have been automated already. And the purpose of those shared services may be to handle the exceptions, do this high-value interpretation of the performance and provide the deep insights their business partners can go and take to their business counterparts.

6. Finance applications and microservices will challenge the traditional ERP. Big vendors will be ready. The idea of the big ERP as we are using today maybe goes away. And there's the concept of a microservices environment where finance departments will be going to the Cloud as they follow the others. They can choose between the specialized services that they want to use (but not that analytic service), whether or not that's cash management service, whether or not that's specialized payment application. They can choose the best-in-class services and bind them together with standardized APIs, which allows individual microservices to talk to each other. So we move away from an environment where we are tied to a large ERP vendor where we can choose the best-in-class services by our particular industry and bind them together into the best-in-class services.

7. The proliferation of public & private APIs drives data standardization, but it won't be enough. Companies will still struggle to clean up their data mess. So to touch on this: APIs allowing to bind the specialized services together. But "how do you store your data" is still

going to be a major challenge. How do you catch the data from transactions you are making? I'm sure a lot of you start to provide your services through digital channels. I'm sure a lot of your products and services start to become more digital in their nature. This by its nature is creating more data. But that data only have value once you start using it from inside. So being able to store that data in a way that it can be combined with another data to produce a meaning from inside, such as the revenue forecast or revenue prediction through algorithm, is going to be entitled. There's going to be a lot more people focusing on the storage of and value extraction from data.

Above those are Deloitte's predictions of Finance 2025. And they have really got to be made possible through the combination of the technologies you see here. So we specifically mean to talk about two fundamental areas: one is modernizing the core, which talks to things like Cloud Computing, Visualization of data, and being able to see data in a way which is human-interpretable rather than large pages of spreadsheet data, being able to interrogate that visualization, and drill down and ask questions about data. And then the Robotics to automate the core.

So this is where things like Advanced Analytics tools are coming, and this is where Cognitive Computing is coming to automate some of the high-end, more human-judgment-based processes. It's where in-memory computing comes in. This in-memory computing basically is a technological shift that allows the processing of large volumes of very complex data in a much much shortened timeframe. It goes together with Cloud Computing because it's expensive. And then Blockchain is a sort of the bleeding-edge. There are currently not a lot of Blockchain solutions, but there is a lot of potential. Blockchain really transforms what it means to have a ledger environment, and it really transforms books and records as well as the way to interface your external third parties.

"财务2025"： 预测与展望

Jez Heath

（德勤管理咨询服务部合伙人）

　　本文将介绍德勤对未来财务部门的理解。我们在工业与科技的许多领域都已经或正在经历巨变，而财务变革也必然和其他领域发生的诸多转型相适应。财务部门已从类似于如下的一个办公场景——部门里的员工人数很多而且（也许）整个办公室都堆满了纸张——转变成一个许多流程已实现自动化的办公环境，并配有一个控制部门负责对财务自动化及其中的各项流程进行管理，但具体操作的流程和方式可能不尽相同。由于工作内容发生了根本性的变化，所需要的雇员可能流动较大以至于看起来人手不足，但也有可能是对雇员及其技能的要求发生了根本性的变化。因此，工作场所将变成一个更加富于创意、更能启迪心智、更具挑战性的世界。这个工作场所不再是一个摆放一排排办公桌的地方，而是一个更有合作意识、更加鼓舞人心的地方。那个能够看到一排排员工忙于处理各类交易的从前的财务部门很可能将消逝不见。

具体地，德勤对未来的财务部门的展望可细述为如下七点。

一、自动化及区块链技术极大地简化了交易处理，绝大多数交易将变为移动化、无纸化

财务人员数量将大幅下降，人员精力得以释放。许多交易的处理过程将实现自动化——通过采用区块链等技术来实现自动化。这并不是指交易中的每一步都将实现自动化，而是交易的处理和记录方式可能将与现今的做法大相径庭。ERP 的概念（即其中包含用来保存不同会计分录的一系列不同的账本）可能会发生根本性的变化，在各个不同的主体之间实现再跟踪的方式和记录交易的方式也发生了巨大的变化，而这一切都是通过使用区块链来实现的。

总体而言，区块链意指分布式账簿，即我们可以保存一系列交易的记录，其他人则可以使用该记录进行交易。人们保存各类交易的记录并保证这些记录将严格保持一致。这迟早会引起一些疑问：例如，还有没有必要向供应商出具发票？在区块链下，只需要有一个分布式账簿并在这个账簿中表示"我将从您那里购买这个东西。您将把这个东西交付给我。现在，您必须结算这笔交易——即支付。"交易双方将保存上述交易记录并保证该记录将完全相同及正确无误。那么今后是否还必须出具发票？在处理供应商的支付款项时能否大幅度地缩短现金周期？无论如何，该流程的发展方向是继续保持非接触的方式（即，无须再去追踪此类流程）。

二、随着业务的自动化，组织及企业的界限逐渐模糊化，同时财务将在提供业务洞察及服务上花费至少比现在多两倍的时间和精力

在上文所述的情况下，如果我们仍有发票——或者说必须拥有发票的话，我们可以将发票内容输入系统并等待批准，然后在支付款项之后，这

个自动化流程就结束了。这意味着人力资源将会减少，或者财务人员将被指派其他的工作任务。即使今天，也有许多财务人员一直在思考"我如何才能创造良好的业务、为业务带来价值？""我如何才能成为一名更优秀的业务合作者？"未来会跟现在一样出现上述情况。而对"如何成为一名更优秀的业务合作者"这个问题来说，答案将集中在：如何更有效地使用所获得的数据？应该怎样做？——除了记录并向业务使用者谈及过去发生的交易及其原因以外，能否利用各类算法来预测未来将发生的事情呢？

比如，能否利用内部交易的大型历史数据和外部数据来预测明天、下星期、下个月的收入情况？大多数更准确的变量目前都在不断地变化。能否结合上述数据，然后利用它们来预测成本的情况和特定费用的情况？然后，我们可以整合所有这些内容就往来款的情况做出更多预测（可以预测明天、下星期、下个月的往来款项）。很显然，从预测的程度上看，我们向未来走得更近了。

三、财务职能转向"实时型"，定期报告将无法继续支撑企业运营及决策制定

如果审视半年度的业绩或年末的业绩——该业绩可能并未得到显著改善，但如果将周期变短，就可以对收入和成本做出更有效的预测，并且可以更好地从经营角度分配下列资源：存货、现金、其他现金流量、人力资源等，例如，也许可以用来验证账目和库存的情况。这些都是德勤目前正与客户一道在某一零售点开展的真实项目。为了更好地支持企业运营决策，必须提供实时的财务信息。因此，这种情况特别适用于管理层的月度报告（该报告述及业绩）。

四、财务向"自助式"服务转型，财务工作模式将被彻底颠覆

管理层的环境将发生变化，在这个环境中，管理层可以通过自己的移

动设备实时地了解业绩情况。他们能够进入一个自助服务的世界，他们不再等待财务部门提供业绩报告，也不必向财务部门索取专项报告，因为数月间发生的实际情况和价值元素将发生严重缩水。他们能够实时地自行编制报告或者利用可视化工具/仪表盘工具，此类工具不仅使他们通过更加直观和人类可解释的方式了解财务业绩，而且便于他们获取相关信息以整合数据或整合业绩方面的问题来形成需咨询的相关问题。由于管理层由向财务部门索取专项报告转为自助，因此他们能够更加实时地、不断地整合数据。

五、财务工作由财务人员、机器人及计算机算法共同完成，企业开始重新思考离岸运营模式

服务传递模型。业务部门能够更加方便和随意地自行整合数据。"成为一名更优秀的业务部门合作者"的含义将发生巨变，而业务部门合作者在单位里的地位也已发生巨变。因此，究竟应当由财务人员继续致力于服务业务部门，还是应当由业务部门的人员进一步发挥自己在财务方面的悟性？抑或是应将这两个方面合二为一？在做决定的时候，可能须考虑各家单位的具体情况。但可以肯定的是，由于届时将更容易获得此类数据，从而也将更容易找到专门负责解释这些数据的人员。

"认知技术"理念。目前，认知技术主要是指一种解释性的自然语言。举例而言，可以是一项合同，也可以是一种通用自然语言或结构化的数据（如，损溢表、销售报告和其他结构化数据），还可以是销售报表；比如，我了解导致这种结果的业绩情况，我将用中文、英文和日文提供一项说明来根据我的理解阐释该业绩是如何导致这种结果的——这也将通过非接触的方式来实现，这就是如今的技术。因此，机器同样可以负责对财务结果的初步解释。这一点在今天已经能够做到，这意味着财务人员可以深入分析数字、执行更多判断测试并针对数据作出更多解释，而机器则无法做到这些。

上述新的财务模式涉及财务运营的变化。这种模式将大规模实现自动化，这意味着共享服务在今后的 5～8 年内将逐渐发生变化。此类操作中的大多数已经实现自动化。这类共享服务可能旨在处理异常情况并对业绩进行高质量的解释，同时并为业务部门提供深入洞见，业务部门可以拿取分析结果并提供给其业务伙伴。

六、财务应用软件及微服务将挑战传统 ERP 系统

我们今天所使用的大型 ERP 这个理念可能会消失。同时还出现了一个微服务环境的概念，在微服务环境中，财务部门将与其他部门一道使用云服务。他们可以选择自己希望使用的专业化服务（但不包括分析服务）——无论是现金管理服务还是专业化的支付应用程序。他们可以选择一流的服务并将这些服务与标准化的应用程序接口对接在一起，从而便于与各项微服务进行对话。从而，我们将远离如今这个将我们与大型 ERP 供应商捆绑在一起的环境，进入一个我们可以按自己的特定行业选择一流服务，并将它们有机结合起来的新天地。

七、API 的广泛应用将驱动数据标准化程度的提升，企业仍然有巨大的数据清理工作要完成

谈及将专业化服务整合在一起的应用程序接口，"如何存储数据"仍将成为一大挑战。如何从正在执行的交易中获得相关数据？相信大家可能已开始通过数字信道提供服务；相信大多数产品和服务已开始从本质上变得越来越数字化。这从本质上创造了更多数据，但只有开始从内部使用这些数据时，这些数据才有价值。因此，人们将被授权采用以下方式存储这些数据：这些数据可以同其他数据合并以便从内部产生某种意义，比如，通过算法进行收入预测。将来会有更多人关注数据的存储和数据的价值萃取。

以上七项就是德勤的预测。人们通过综合运用现代技术，正在将上述

预测变成现实。我们还要特别提及两个基本领域：一个是实现核心部分的现代化，其中涉及云计算、数据的可视化、能够采用人类可解释的方式查看数据（而不是大开页的电子表数据）以及能够询问上述可视化技术、深入分析数据和基于数据提问等内容。另一个是通过机器人实现核心部分的自动化。

　　下面对具体技术及其应用的领域做一简单介绍：①引入高级分析工具的领域。②引入认知计算以使某些更高端、更依赖人类判断的流程实现自动化。③引入内存计算的领域。这个内存计算基本上属于一项技术转换，使人们得以在大幅度缩短的时间内处理大量复杂的数据。内存计算跟云计算一并使用，因为内存计算比较昂贵。④区块链属于一种尖端技术。尽管目前没有太多的区块链解决方案，但区块链的潜力很大。而且，区块链确实能够改变"建立一个账簿环境"的意义，也确实能够改变账簿和记录以及与外部第三方接触的方式。

The Race for Relevance —Technology Opportunities for the Finance Function in the Belt and Road

Maggie McGhee

(Director, Professional Insights, ACCA)

This article will talk about digital technology. We need to discuss digital connectivity in the context of the Belt and Road Initiative. We work with Yonyou and Shanghai National Accounting Institute on digital technology. Now I am going to share with you the overall development of these technologies. In addition, let's take a look back to understand why we have to make a change.

I. Technology—Why does it matter?

In the contemporary world, no matter what you do, you will leave a digital footprint, so we all have a digital record. Throughout the digital ocean, we are constantly generating data. The society, as a whole, is taking advantage of those data. Nowadays, many businesses are talking about automation. In 《Finance 2025: Predictions and Promises》 in this book, Jez Heath talked about digital automation in product lines and telemedicine. However, this article would discuss about how professional accountants are going through the process of the next journey and continue to develop in the digital era. This is a trend in the world. And what are the opportunities that the Belt and Road Initiative brings to us? It's not only about the challenges of technology, such as disruptive innovation, but also how to realize more inter-government interconnectivity and support the strengthening of technological performance.

Earlier today, ACCA Deputy President talked about the qualities of professional accountants. On this slide, you can see a series of changes shown by our ambitious research gatherings. In 2016, more than 2,000 accountants took part in activities like seminars, and one-on-one interviews, etc. There were several major driving forces behind that, technology being the main one. As we know very well that all the researches showed that we are facing a new challenge. And the speed of change in this process is to be noted. During the roundtable discussion, we found that people worry about technology. They worry not only about technology, but also about automation and cloud computing. But we should also think about what kind of opportunities those technologies will bring. Four years ago, not many people talked about artificial intelligence (AI). Now if you read any newspaper or watch any TV show, you will find people talking about AI. This change is very fast.

Let us look at the basics and find out why technology is so important. As we mentioned earlier, one of the reasons is that technology can help us create a win-win situation. The Belt and Road is a best example. It can

connect countries with each other. Countries along the Belt and Road will all develop in the same direction, and you can have a chance to look at countries at different development stages. They will converge, and in the process of technology development, wealth can be created, and life can be improved in terms of longevity and quality. In addition, it will have a huge impact on the economy and a transformative effect on our society. Moreover, it can create new revenue streams for us, and stimulate our needs for innovation. With such fast innovation, what are the challenges for our professional accountants? How do we preserve our existing knowledge? How to keep up with the time? How to ensure that we, as a business consultant, can give our clients insight into the future? And as a consultant, we must understand that these technologies will affect business strategy and productivity, including profitability, which will play a very important role in and will have a profound and far-reaching impact on accounting. We must be constantly prepared for trends and changes in today's digital technology, and assess the potential impact on our business.

II. Technology opportunities for the finance function

What will accounting look like in 2025? 2025 is not very far from us. Today we talked about some areas that are affected by technology, and now I would like to say something about intelligent automation system. In the process of intelligent automation, there will be many new business needs and models. If you think about the business model, not only is new platform created, but these technologies are constantly evolving. In addition, we have had a lot of changes in business models, and in the process they continue to expand with other parallel trends. This is happening in one country and will spread to many other countries in different forms.

Next, let's talk about the value of data generated in this process. Here, I would like to reiterate that data is like the oil of the new era. These technologies can support the way we continue to invest in our business, and help us save costs in terms of revenue and operation. So we welcome the advancement of technology and hope that investors will be willing to embrace change. Changes must be made in order to cope with the new requirements for the entire accounting profession brought by technological advancement.

We have so many technologies now. If we look at the history of the development of technology, we will find that the dreams we had 10 years ago are now reality. Today, the volume of digital data we are generating is constantly increasing; it's not linear growth, but exponential growth. From big data, the Internet of Things, to electricity meters and refrigerators, they can all record, transform, and transfer data to the cloud, where you can then analyze the data to capture possible business value.

What does vast amount of data mean to us? See some Gartner statistics about the prediction of growth of interconnected hardware devices for the next five years. They can all transmit data, and in the next ten years (2015–2025), will grow 500%, which means there will be trillions of transactions in the data growth. That will cause a lot of complexity and bring huge volume. The existing processes must be changed. The amount of data generated will be vast. Now the traditional process is not only inefficient, but also hard to manage.

Earlier this year, based on in-depth communication with 50 IT,

accounting and finance professionals, we wrote a report on network security, cloud, socialization, analysis robots, and AI, etc. Cloud computing is already mainstream, but the degree of connectivity continues to increase due to several reasons. First, as we said earlier today, only one third of the world's people are connected to the Internet, and with the increasing number of internet users, there will be more data, which will bring more opportunities to us, including the cloud computing.

From today's perspective, the future of artificial intelligence is quite promising. You will see what will happen in the next 5-10 years. We talk about the impact of distributed ledger and blockchain. You will see that these robots have similar behaviors and feelings as ours. We will also see changes of accounting professionals. We must support the journey guided by the Belt and Road Initiative. There are some reasons for the need to change from a business perspective. We interviewed many experts, and 70% of the respondents confirmed that technology had greatly improved productivity. 50% of the respondents said that technology helped with innovation and creation of new business value. We must not only know about the advantages and benefits of technology itself, but also understand its impact on cost and journey. Sometimes CFO professionals want to stay in their existing comfort zone. But there are six driving forces for the transformation of CFOs. One of the key points in my interviews is that we have to look at the indirect costs (staff turnover costs, training costs, additional cybersecurity investments, as well as the cost of transforming management capabilities) when discussing technology.

Ⅲ. Ethics and trust in a digital age

With the advent of change, professionals are helping to improve the company. Let us look at the impact of technology to ensure that the public interest is protected. We see many opportunities to improve integrity by continuously improving transparency. In the digital age, we studied many accounting firms in 13 countries around the world. The result is very interesting. They were asked whether integrity had become more or less important in the new era than the past. All companies believe that integrity has become more important, and 90% of them said that in the era of data, for accounting, integrity has become one of the most important factors. The current situation is more complicated, and we can see that professional accounting has the ability to tackle challenges, and this ability will become more important in the future. We must remember that technology can help us understand many details in doing business, but it will not change the professional ethics and principles and guidelines. The importance of integrity is expressed in the Belt and Road Initiative. In the countries along the Belt and Road, it can help us better support development and ultimately make the Belt and Road a success.

The whole article is mainly about technology. In fact, the importance of talent in the digital age must not be underestimated. As a professional, we must master the global trends. Don't move backwards. We need high-quality talents for the Belt and Road companies at home and abroad. Those professionals can help us continue broadening the market, expand international trade, and do a lot of cross-border transactions. We will see some short-term changes. There will be short

term interruption and changes for finance professionals in 2025. It will become more powerful in the future. Compared with technology, the role of man power and the role of talent are becoming even more important. When it comes to internationalization, we must not forget the importance of talent, and we cannot treat this issue in isolation. On a global scale, countries along the Belt and Road must work together to complete this project.

相关性竞赛：
财务职能的技术机遇

Maggie McGhee

(ACCA 专业洞察总监)

本文将围绕数字技术展开。为在"一带一路"倡议的具体背景下讨论数字联通的意义，ACCA 与上海国家会计学院、用友合作进行了数字技术调研，本文将基于该调研，介绍财务数字技术的整体发展情况，并探讨财会行业作出改变的必要性。

一、技术为何如此重要

当今世界，任何行为都会留下数字印迹，因此，我们所有人将无一例外地拥有一套数字记录。在数字空间中数据在不断地产生，而社会作为整体，正在利用这些数据获益。今天，众多企业均在谈论自动化。德勤中国的耶斯·希思先生（Jez Heath）在"财务 2025：预测与展望"介绍了数字自动化技术在生产线和远程医疗中的实际应用，本文则将谈一谈专业会计师如何顺利迎接下一阶段的发展，以确保在数字时代不断进步。数字化是

一个全球趋势，在此背景下，"一带一路"倡议能够为我们带来哪些机遇？为了把握这些机遇，我们不仅需要攻克颠覆性创新等技术方面的挑战，还必须设法提高政府间的相互联系，支持技术发展绩效的提升。

2016 年，共有两千多位会计师参与了我们的研讨会、一对一访谈等调研活动。多种重大因素驱动着数字化的变化，而技术的作用最为突出。可以清楚地看到，所有研究都表明我们正面临一场新的挑战，并且其中，"变化速度"尤其值得重视。在上述研讨活动中，我们发现与会者都非常担心技术问题，他们不但畏惧技术难题，也对自动化和云计算感到困扰。但尽管如此，我们依然应当认真思考这些技术带来的机遇。四年前，讨论人工智能的声音寥寥无几，而今天，随意翻开报纸或打开电视，都可以看到人们在探讨相关议题。这种改变无疑非常之快。

我们需要从最基本的层面上，剖析技术的重要性，其原因之一在于，技术可以实现双赢局面。"一带一路"倡议对此做了最好的实证，它使国家之间相互联系，引领技术发展分处不同阶段的各个沿线国家朝着同一个方向发展。各国将在技术进步方面日渐趋同，并且在这一过程中创造财富、提高公民寿命和生活质量。此外，技术还将在经济方面造成巨大影响，并且推动社会变革。技术在开辟全新收入来源的同时，也激发着我们对创新的渴求。面对如此迅猛的创新，专业会计师将遇到哪些挑战？怎样保存现有知识？怎样与时并进？作为顾问，怎样才能确保给客户提供面向未来的专业洞察？为了履行自身职责，我们必须明确：这些技术将影响商业战略和生产效率——包括企业盈利能力，它们将在财会部门中扮演重要角色，并深远而广泛地影响该职能的工作。财会专业人士务必始终做好准备，顺应今天数字技术的趋势和变化，并且持续评估其对业务的潜在影响。

二、财务职能的技术机遇

2025 年的财会职业将会呈现怎样的面貌？实际上，2025 年并不遥远。

下面本文将围绕智能自动化系统作出具体阐述。在实现智能自动化的过程中，很多新的业务需求和业务模式将应运而生。就业务模式而言，不仅新型平台已经出现，相关技术亦在持续演进。不仅如此，业务模式还出现了很多变化，并且正与其他平行趋势一道不断延伸。当这种变化在一个国家出现后，便会以各种形式扩散到别的国家。

接下来，让我们看看这一过程中会产生数据的价值。再次重申，数据就是新时代发展最主要的动力源泉。这些技术可以支持我们继续投资现有业务，并同时有助于节约产品成本和运营费用。因此，应该对技术进步持欢迎态度，希望投资者也乐于接纳变革；为了满足技术进步带给财会职业的新要求，我们必须作出改变。

技术的更新迭代日新月异。回顾技术发展的历史，可以看到十年前的梦想已然变为现实。如今，我们生成的数字数据量正不断攀升——并非线性增长，而是呈指数级增长。从大数据、物联网，到电表和冰箱，它们可以记录、转变、并向云端传输数据，我们随后则可以在云端分析数据，捕捉潜在商业价值。

海量数据意味着什么？不妨参考研究机构高德纳（Gartner）对未来几年互联硬件设备所做的增长预测：以 2015 年为基数，这些能够传输数据的装置到 2025 年将激增 500％，它们之间会出现数万亿项新的数据交换，从而显著提升复杂性和数据总量。在庞大的数据量面前，传统处理方式不仅效率低下，也难以进行有效管理，现有流程必须改变。

随着企业不断采用高科技，很多财务人士感到职业危机，他们害怕丢掉工作。ACCA 建议 CFO 应尽早考虑这一潜在冲突，并提前应对。今年早些时候，我们根据对 50 名 IT 和财会专业人士的深度访谈，撰写了一篇有关网络安全、云计算、社交联系、分析机器人、人工智能等技术的报告。云计算已成为主流，但互联程度仍在继续提高，其原因有很多：全球目前只有三分之一的人接入了互联网，随着互联网用户数量的增加，更多数据将不断产生，进而为我们带来更多机遇，包括云计算带来的机遇。

人工智能的未来前景非常可观。计算机系统能够执行通常需要视觉感知、语音识别、决策和语言翻译等人类智能的任务，未来这些机器人将有类似人类的行为和情感。可以来想象未来五到十年的发展动态，比如分布式账簿和区块链的影响。财会专业人士也将出现很多变化，对积极应对的专业人士来说，改变也许意味着新的机遇，财务人士有望不断跻身价值链上游，为企业创造新的收入。

我们必须支持"一带一路"倡议所指引的发展路径。从商业角度出发，改革的依据将更为充分。在受访的众多专家中，70％都认为技术将极大改善生产效率，50％的受访者则认为技术能够助推创新并创造新的商业价值。我们不但必须知晓技术本身的优势与价值，还应理解其对成本和过程的影响。有时候，首席财务官等专业人士会希望熟悉的固有环境保持不变。但首席财务官的六大要务——与战略保持一致、创建商业模式、提升数据价值、技术变革对组织结构的冲击、聚焦人才与技能、技术对治理和风险管理带来的影响等，将推动他们转型。此外，在访谈中的还有一项重要发现，在讨论技术时，需要考量员工流动成本、培训开支、追加网络安全投资、管理职能转型成本等各种间接成本。

三、数字时代的职业道德与信任

强有力的道德原则和行为在不断发展的数字时代将变得日益重要。我们应当关注技术的影响，确保公共利益得到保护。我们调研了全球 13 个国家的诸多财会机构，结果非常值得深思。当被问及"新时代中诚信是否较以往变得更为重要"时，所有受访企业都持肯定态度，并且 90％均表示：在数据时代，诚信已成为财会职业最重要的因素之一。当前的形势更加复杂，但我们看到，专业会计师在利用这一能力应对各种挑战，并且未来该能力的重要性将有增无减。必须谨记，技术的确可以帮助我们解读业务的很多细节，但它并不会改变职业道德以及原则和指导方针。"一带一路"倡议充分体现了诚信的重要性，在"一带一路"沿线国家，诚信可以帮助我们更好地支持发展，最终使这项倡议赢得成功。

　　本文主要围绕技术展开，但我们绝不应低估数字时代人才的重要性。作为专业人士，必须掌握全球趋势，顺势而为。参与"一带一路"建设的企业需要在本土和海外部署优秀人才，这些专业人士可以帮助我们持续拓展市场、扩大国际贸易，并且完成大量跨境交易。虽然财会职业可能在2025年之前遭遇短暂的阻碍与改变，但未来必将成长得愈发强大。与技术相比，人力资源和人才的角色甚至会变得更加重要，特别是在国际化背景下，我们绝不能忽视人才的关键作用，也不能孤立地看待数字化带来的问题。"一带一路"沿线国家必须在全球范围内，齐心合力达成这项宏伟目标。

数字化时代的财务转型与创新

魏代森

(浪潮通用软件有限公司副总裁)

一、数字化企业的标识

发展数字经济，已上升为国家战略。技术的变革速度在不断加快，互联网、机器人技术、人工智能和数据分析工具正在各行各业引发重大变革。如何才能成为数字化的企业？第一，一定有数字化人才和技能；第二，运用技术促进数字化业务模式的创新；第三，想匹配这些企业新的数字业务的支撑，必须有一个数字化运营模式。运营模式让我们产生新的理解，数字技术在过去被当成成本，而在今天它不仅是成本，首先，它带来新的收入来源；其次，带来效率提升，无论是人力资源、财务、供应链、IT、研发、制造等方面，这些数字技术的运用都会带来效率的改善。在财务方面，云会计、财务共享、人工智能等技术可以让财务整体运营成本降低 40%。

数字技术的应用使企业收入更高，成本和费用更低。在运营方面，现在推进的个性化制造，可以让产品的价格提升，可以让客户的黏性更高，从而提高收入；在研发方面，众包、众筹，让研发更有效率；在财务方面，财务共享服务的应用，机器人应用，智能分析报告应用，让财务效率提升，财务费用降低……凡此种种，不一而足。

二、数字化转型与新财务

在新的数字技术和数字化转型背景下的财务创新可以称为新财务。新财务分为三个方面：第一，建立财务云。小的企业在公有云做财务，大企业建立财务共享服务中心，用混合云模式，连通企业遍布全球的各个机构，更利于发展海外业务。第二，新财务的参与者。因为数字技术的应用，今天财务的参与者增加了，不仅自然人，财务机器人也会参与到财务处理过程当中。第三，新财务的智能。财务职能发生很大变化，过去关注财务的结果，今天更多关注过程；过去财务关注制度，现在注重方向。在财务大数据当中寻找规律，产生了智能财务、智能分析和智能决策。财务过去是聚焦在内部，现在统筹内外，代表财务地位在提升，CFO 地位在提升，对企业的战略发挥影响作用。此外，在过去，财务被称作记录系统，通过书写历史预测未来，今天则将更多带来价值的创造。

具体来看，财务中应用的新技术，以财务共享为核心的财务云将会成为财务的关键，并由此带来三个变化。首先，运用财务云可以让财务无边界，没有界限和地域限制，更便于开展企业业务，财务将变成开放的财务，不再是过去一个财务部门封闭起来做凭证出报表。今天通过财务云，可以与更多的自有、第三方公有云进行连接，让财务流程更长。其次，财务产生更长的端到端流程，真正让业务和财务一体化。最后，共享中心的建立使大量财务工作成为流水性工作，并产生大量的财务数据，利用这些数据可以对企业经营状况进行智能化分析。过去说的财务，仅仅是做凭证，今天因为信息技术运用让财务流程大大延伸，从员工出差申请开始已

经能够和商旅云进行对接，在这个过程中，差旅云将商旅云平台和企业内部的财务共享云平台进行对接，让这些信息可以互联互通，并最后产生财务凭证。财务凭证变成财务过程中最后一个环节。

此外，人工智能运用到财务当中产生重大影响。人工智能有三类：第一类称为感知智能，通过自然语言交互、图像交互、肢体交互；第二类称为认知智能，能够通过机器学习在大量数据中发现规律；第三类称为规则智能，即规则化、自动化。今天看到财务机器人在第一类和第三类运用比较多，感知智能比较容易，而认知智能有一定难度，规则智能运用比较普遍，能够把重复性工作做成自动化的工作。

三、中国交建的财务共享经验

中国交建在国内和海外的业务发展很快，这与财务创新和财务对新技术的运用密不可分。浪潮通用软件公司基本上参与了在这个过程中的信息化建设，目前中国交建拥有总部共享中心、区域共享中心、项目共享中心、海外共享中心等五大共享中心，数目和类型都属全国最多。中国交建未来的目标是中交财务云和中交一张网。中交财务云今年建成，建成后可能是全国最大的财务共享服务中心。而中国交建目前的财务共享中心已经能够支持"一带一路"建设走到东南亚、中国香港、西亚，它就是中国交建总部直属财务共享服务中心。

在这个共享服务中心下，围绕成本管理建立了五个中心，财务共享服务中心、资金中心、业务中心、税务中心、成本中心，围绕这五个中心实行了全球财务在一个大云平台上处理会计业务，更重要的是，这五个中心是按照目标成本导向对管理会计的运用。"一带一路"建设中拿到的项目往往是大项目，至少百亿元起步，这样的项目基本要围绕总的目标成本先分解到不同标段，每个标段做一个预算，按照预算建立分包商，再根据分包情况进行工程实地计量，推进资金支付。五个中心紧密结合在一起、在一个平台上工作，实现从拿到总包合同到目标分解，再到施工过程中每一笔现金支付，都是在这个过程中严格控制的。这是一个全球化的、从目标开始全员参与的管理会计的过程。

总部共享服务中心则为海外共享服务中心服务，建立财务大数据，用一套数据可以提供多维度智能分析报告，可以按法人、分区域、按板块，建立共享服务中心后，很容易出具面向不同地域、不同区域、不同板块、不同法人的财务报告。此外，共享服务中心还运用了财务机器人。比如，很多国有企业做完报表后要和财政部进行报表对接，而对接的财务系统有时不能及时变化，如果进行手工操作，会计人员需不断从财务系统报表中选取内容粘贴到向国资委上报的报表当去，而现在可以直接交由机器人来完成。又如，关于银行对账 RPA 处理，机器人解决了自动化问题。浪潮财务机器人会按照运营规则，为一千多个银行账号进行自动对账。

所有技术都运用在海外所有项目当中，包括香港机场第三跑道的标段。这个项目依托中国交建财务共享服务中心，实现多组织、多部门协作施工，精细化成本管理。中国交建通过北京的财务共享服务中心在香港建立分中心，在这个分中心可以看到在香港现场的人，在北京财务共享中心总部的人，在香港分中心的人，在各个局筹建项目、各个局资金管理部的人，同时在云平台上处理香港业务：统一船机租赁、物资采购、分包、费用分摊等会计政策，统一产值计量与绩效考评。这一举措使项目成本管理发生了五个转变：由"单项"向"综合"转变，使部门间协同协作；由"独有"向"共享"转变，使部门间数据互通共享；由"反映"向"应用"转变，进行目标成本单价预警、数量预警、合同预警、结算预警等；由"事后结果"向"过程控制"转变，做到实时、纠偏、修正；由"提供总数"到"穿透明细"转变，提供成本信服力。

在中国企业"走出去"的过程中，使用数字化技术的财务云需要一些新的信息化平台。而自主信息技术、数字技术的信息平台的提升，对中国企业在"一带一路"建设中的发展也很有裨益。

会计及财务数字化助推"一带一路"

付建华

（用友网络科技股份有限公司副总裁）

"一带一路"倡议从 2013 年习主席提出后得到广泛响应，五年来在全球"一带一路"沿线国家取得了一系列成就。从五年的实践历程看，政府搭建了良好的平台，在落地实施的过程中，企业是实践的主体。因此，如何为企业提供更好的基础设施和服务，帮助企业快速高效、高价值、低风险地在"一带一路"沿线国家开展经营，是政府部门、中介机构等研究和实践的重点。

一、会计及财务数字化：会计基础设施的重要组成部分

本书主题为"数字联通'一带一路'"，这是响应国家建设"数字丝绸之路"战略的重要体现，本文拟探讨的主题为"会计与财务数字化助推'一带一路'"。2017年上海国家会计学院首次提出了在"一带一路"建设的基础设施中，应当增加"会计基础设施"，并且对"会计

基础设施"的概念、在"一带一路"倡议实施中的重要性和意义以及所包含的内容进行了研究和诠释。"会计基础设施"概念的提出，得到了中国财政部门的高度认可和支持。2017年上海国家会计学院和ACCA、德勤等机构联合开展了调查研究，并发布了《会计基础设施调查报告》，在调查报告中，提出会计基础设施由三大方向构成：会计准则、会计人才和会计监督体系。

在互联网飞速发展的时代、第三次数字化转型时代，任何一个企业或者政府部门的经营及管理均离不开数字化手段。在企业的会计及财务管理中，数字化更是必须的条件。所以，本文认为，在会计基础设施框架中应把数字化设施考虑进来，即会计基础设施由四大方向构成：会计准则、会计人才、会计监督体系及会计数字化设施。数字化工具及手段已经在不断改进甚至颠覆着企业的会计核算及财务管理工作，已经对会计准则产生了一定冲击，对会计人才培养、会计监督体系也产生了深远的影响。

例如，在大数据、云计算、AI快速发展的今天，应用于企业会计核算及财务管理领域的信息技术、工具等都实时变化着。IT行业在不断研究、开发新的平台、工具和产品，旨在满足企业会计信息的实时化要求、多样化要求、多元素要求和多维度要求。今天的会计信息工具和系统，已经能够满足企业会计核算信息的实时生成，并且记录的信息已经可以突破单一金额信息，也能够支持企业出具实时报告。有了这些技术，会计核算的一些前提假设已经需要重新考虑，包括：会计分期假设、货币计量假设等。

同时，在会计人才培养方面，培养懂科技的复合型人才，已经成为未来会计人才培养的方向。今天，越来越多的财经院校开始开设会计数字化人才培养课程，更多的院校也已经在研究和作出准备。在会计监督领域，会计监督的社会组织、会计监督的方式方法均在借助新兴的技术发生着改变。

2017年，习主席在"一带一路"全球高峰论坛上再次强调了要建设"数字丝绸之路"，要借助互联网的发展，以及中国在互联网和科技领域的

引领性，用数字化手段建设"数字丝绸之路"的理念。在会计基础设施领域，用数字联通会计信息和财务信息，也应当是一个重要方向。具体地，会计数字化设施可以包括在会计和财务领域所依托的信息技术和工具、数字化服务、云服务等。

二、会计及财务数字化的需求：基于联合调研的结论

在明确了会计数字化设施的重要性后，接下来具体阐释在"一带一路"沿线开展业务的企业对会计和财务管理数字化的根本诉求，以及诉求的紧急程度，以便于政府部门有效予以引导和推动，同时便于所有的服务机构和IT公司结合企业诉求提供更好的产品和服务。此外，也希望给其他国际化公司作为参考。

在数字化时代的今天，会计部门及财务管理部门的全面数字化以及借助高科技手段和各种新技术让会计信息加工更加实时、准确、完整，成了任何一个跨国经营企业的必要条件。在未来建设"数字丝绸之路"的过程当中，在会计和财务管理领域，围绕会计核算报告的数字化，围绕财务管理全面的数字化，以及围绕财资和财税管理的全面数字化，无论是政府部门、IT公司、第三方服务机构，还是很多在"一带一路"沿线开展业务的企业，都将在这些领域不断地开展研究、探讨实践和技术创新。

2018年3~5月，用友公司和上海国家会计学院、ACCA联合做了一次调查研究，对一批中资企业和外资企业发放了调查问卷，并收回有效问卷257份。问卷主要面向在"一带一路"沿线开展业务的企业（90%为中资企业，10%为外资企业），调研了其会计及财务管理信息化的现状、需求、价值期望等。

调研结果显示，90%以上的被访企业在会计和财务管理信息化领域有重大投入或者未来五年有重大投资预算，希望借助新的技术手段和科技手段在企业的财务领域，甚至业务领域完成一系列的管理改变，比如有效开展国际化经营和业务的拓展、提高工作效率处理的标准化、提高信息集中

度等。

在会计核算及报告方面，其诉求主要表现为：第一，希望能够利用新的技术平台快速便捷地完成在多国会计准则、税制差异之下，在语言和币种差异之下，快速实时完成会计核算和报告。第二，希望所使用到的信息工具平台能够和"一带一路"沿线国家税务系统进行直连，进行有效税务申报。第三，会计信息的跨国实时集中、汇总、合并。在财务管理方面，这些企业也提出了很多的数字化诉求。这些都给从事 IT 服务的企业提供了有效的信息支撑和需求输出，也督促 IT 企业在未来时期内在这些领域给在"一带一路"沿线开展业务的企业提供更好的科技服务。

三、"走出去"企业的用友方案

结合在"一带一路"沿线开展业务的企业提出的数字化诉求，下面简要介绍当前几项能够帮助这些国际化企业有效开展会计及财务管理工作的技术、软件工具和云服务。

第一，针对上述 90％以上的被访企业需要解决的跨国会计核算和报告问题。目前，已经有一系列的技术和工具能够支持跨国企业有效或者半自动化完成多国会计核算及报告。例如，中国的很多跨国公司都成功使用过的多账簿技术和工具。多账簿工具能够自动帮助企业完成部分会计准则的自动转换，完成语言和币种的全部自动翻译；能够让企业在不增加过多会计人员的情况下，及时准确地完成多国会计核算报告。这项技术和工具已经非常成熟，在未来也会继续为跨国公司提供服务。

第二，用友公司也正在研发一款基于事项法的事项会计云产品。这款新的云产品和服务，既可以直接部署在云端，也可以支持大型企业专属云部署。它通过云计算和大数据技术，帮助大型企业快速低成本地完成所有业务系统和会计核算系统的有效对接，简单实现业财融合，并且通过事项会计云产品，把企业的业务信息实时提取到事项库，从而有效支持企业开展各种财务会计核算和管理会计核算及报告。相信未来这款新产品能够帮

助跨国企业解决一系列问题，包括业务财务融合的高难度问题、实时进行跨国会计核算、实时进行报表汇总和合并问题，有效开展管理会计核算及报告的问题等。

第三，云技术。很多企业都在逐步地接受云和使用云，用友公司服务了一些跨国企业，将其海外机构的会计核算系统都是直接部署在公有云上，并把公有云的系统直接以互联网的方式提供给其海外机构进行登录使用。企业最终可以下载海外分支机构公有云的会计核算和报告数据，合并到企业总部的私有化部署的会计系统中，形成整个集团的汇总合并财务数据和报告数据。随着云技术的发展和成熟，相信未来也会有更多在"一带一路"沿线开展业务的企业，在海外国家的网络基础设施有限的条件之下，会选择云技术平台和云服务的模式解决会计核算和报告的问题。

第四，近几年有很多优秀跨国公司实践的共享服务中心。当企业规模足够大或者开展跨国经营的时候，在"一带一路"沿线设立区域共享服务中心，或者由全球共享服务中心接管服务。共享服务中心的搭建需要依托一系列云技术和平台。在为很多中资企业提供共享服务中心平台的近十年中，令我们感受非常深刻的是，发展中国家的企业所需要的共享服务中心平台和发达国家的企业所需要的平台和工具差异非常大。我们希望将来能够把为中国企业提供共享服务的成熟方案和经验输出到"一带一路"沿线国家，用这些工具来支持中资企业海外业务开展，乃至沿线国家本地企业共享服务中心的建设。

第五，近几年在财税一体化，包括电子发票、税务云的整合，OCR的识别等方面，用友公司在技术上做的创新动作是非常有效的。很多中国的企业在这些方向的自动化程度比西方跨国公司做得更完美、更优秀。希望我们能够通过输出，把中国企业这些年探索的财税一体化的管理模型带到"一带一路"沿线国家，通过财税一体化、财资管理广泛连接，为"一带一路"沿线开展业务的中资企业和外资企业提供更好的服务。

Belt and Road Initiative

—The European Angle

Marta Rejman

(ACCA Council member, Head of Shared Services Centre
for PublicisGroupe)

I am delighted to be here today to give my
perspective on the Belt and Road Initiative (BRI) and
how it relates to a diverse and complex region referred
to as EMEA—Europe, Middle East and Africa. I'm very
excited to hear about so many technological
achievements today and I'd like to share my
comprehensive understanding of BRI.

This project can bring many opportunities. ACCA
views BRI as a project that is underpinned by the need
for "Connectivity". This is where the accountancy
profession—and ACCA—can work as super connectors.
Indeed, we have been doing this since 1904, when
ACCA was first created. But here in the 21st century
and in relation to BRI, this means that as a profession,
we can connect those with the ability to the path

towards becoming a professional accountant; we can connect our members and students with employers to create opportunities and grow businesses; and we can connect businesses with investors to create investment opportunities. It's a basic economic principle that when countries are connected by an efficient infrastructure within and externally with other countries, these networks can boost exchange of goods, leading to increased cross-border trade and investment, creating new markets for growth.

Socially and economically, this connectivity will mean creation of more jobs, resulting in people's mobility and the acceleration of urbanization. With BRI there are many opportunities ahead, but there are also risks and threats that need to be managed very carefully. These risks and threats come from the complexity and diversity of the EMEA itself—the differences in language, culture, legal frameworks and regulatory systems, as well as the wide variety of economic and political developments. BRI has to negotiate and navigate these many variables. It is perhaps a new era of diplomacy and foreign relations that we are all now working in.

Given that the EMEA is so wide and diverse, for the purpose of my update today, I wish to focus on the wide continent of Europe and the European Union (EU). The EU is a trading bloc established in the 1950s, and now includes 28 member states. The unique feature of the EU is that, although the member states remain sovereign and independent, they have decided to pool some of their "sovereignty" in areas where it makes sense to work together. In practice, this means that the member states delegate some of their decision-making powers to the shared institutions they have created, so that decisions on specific matters of common interest can be made democratically at EU level.

The EU is a strong trading bloc, which presents opportunities and challenges for BRI. The project should convince EU to open several markets (EU member states). Any kind of tariffs imposed by EU immediately limits the access to a number of markets (EU member states). In theory EU member states should have same or similar legislation. In practice, however, they are given substantial freedom in timing and scope of implementing EU regulations. Politically and economically, there is currently a strong nationalism among some European countries, which results in market protectionism. There are changes to ruling parties and governments that require building new relations and careful, well thought-through strategies of cooperation with different political options within each country. The countries in the EU have a different economic approach and needs compared to those outside of EU (Southeastern Europe). However, even within EU the level of country development differs, leaving a scope for transportation, logistics and energy sector related investments. The countries in need of fast development are those described as Central and Eastern European (CEE). As a result, BRI needs to differentiate its approach, providing financing and implementation of large industry development projects for non-EU countries, but playing an investor and contractor role for EU members, with CEE countries being more open to Chinese investors than western part of EU.

Let's look at my home country—Poland. Poland has been placed 4th in the B & R Country Cooperation Development Index (BRCCDI) rankings along two other CEE countries—the Czech Republic and Hungary ranked 5th and 7th respectively. These placings indicate the

high level of cooperation and low level of risk of investing in the countries. There are recent success stories about Chinese investment in Poland—a water system (river regulation) near Wroclaw, purchase of portfolio of logistic centers. A Chinese company is also interested in constructing a metro line in Warsaw. As for the central communication port in Poland, the investment is estimated to reach some 10 billion USD and be completed by 2027. The project includes construction of an airport, railway communication points and a number of road connections. This mega hub could be the main connection point between Europe and Asia with Poland being the last EU country on the east line and the largest of the CEE countries. While rail and road construction should obtain support through EU funds, the construction of the airport may require external funding.

I do believe everyone here is familiar with the Eurasia Land Bridge, which is a part of BRI. The bridge will go through territories of Belarus, Russia, Kazakhstan, Poland, and the Netherlands. Clearly, cooperation is needed to make BRI happen. So there is one big question we need to address: what can help China and other countries be successful in BRI? I have a number of suggestions:

First of all, investors should secure an understanding of the country being invested in. This means understanding the business law, political systems and the bureaucracy. Many Western European countries have aligned and stable legal and tax systems. Yes, they may be complicated— but a lot of work has gone into making systems and processes aligned. It's vital that BRI understands how all this works. Understand there is protectionism at play; competition can be seen as a threat. CEE countries are still in need of investment, and they are still developing their transport, logistics, energy / renewable energy sources, and may be open for Chinese investment especially if the EU funds get limited in the 2020 budget or redirected to other initiatives / sectors that do not cover the development objectives of a particular country. However, they have very complex and constantly changing tax and legal systems which make it difficult for foreign investors to enter the market and function properly within the local regime. Bureaucracy is difficult to manage and understand!

We should support investors and guide them through the investment process. Investors and stakeholders need to be informed about the legal, tax and regulatory system in the country. However, the means of communication should be carefully chosen—I have another Polish example here—Chinese desks that have been opened by some of the advisory companies may offer the service in the language but may lack the technical expertise—English language support combined with proper technical knowledge might be a better choice. Moreover, potential investors need to be connected with local agencies.

We need to provide and develop the right people. The key to success is the right pool of talent. New entrants need to be supported in employing the right people. The initial employee base could be built on and upskilled; companies could also employ Chinese students in the country and existing expats; however, with the speed of the initiative development, those sources would not cover the demand. There will be a war for talent and an opportunity for universities and accountancy associations to train the new generation to support the growth that comes with BRI. But beside displaying technical excellence, accountants will be required to play a senior role in business through strategic insight and

forward-thinking, by being open to different cultures and rapidly changing environment, presenting willingness to learn and develop, can-do attitude and ability to solve problems quickly and effectively.

We should be accountable. As an accountant, I cannot stress enough how important it is to be transparent and trustworthy, that can be achieved by providing reliable financials underpinning BRI. Investors need at least two sets of accounts—Chinese reporting could be done in house but the local statutory and often additional local tax need to be outsourced. Building the IFRS expert base together with supporting the talent built for local tax and regulatory knowledge is again an ambitious activity where ACCA has a role to play.

BRI is much, much more than a story about Chinese and foreign policy. It is an economic turnaround bringing global cooperation and trade relations to a different level. Such an ambitious international trade route will only be successful in generating growth if the connected economies collaborate productively with each other.

"一带一路"： 欧洲视角

任明睿/Marta Rejman

(阳狮集团共享服务中心负责人、ACCA 理事会理事)

本文将从个人视角出发，分析"一带一路"倡议，以及它与多样而复杂的欧洲、中东和非洲（Europe, Middle East and Africa，EMEA）地区联系起来。非常有幸今天可以听到如此之多的技术成就，本文将与诸位分享个人对"一带一路"倡议的整体理解。

一、关键在于建立联系

这一计划无疑可以带来诸多契机。ACCA 认为，"一带一路"倡议实施的基础在于满足"连接"需求。在这方面，财会职业和 ACCA 都可以扮演极为突出的联系角色。事实上，自 1904 年 ACCA 创建以来，一直在发挥这样的作用。不过当前是 21 世纪，ACCA 作为财会职业的代表，可以为支持"一带一路"倡议作出三方面的贡献：第一，将那些有能力成长为专业会计师的人士联系在一起；第二，将众多 ACCA 会员和学员与雇主联系起来，

创造机遇、发展业务；第三，促进企业与投资者的联系，创造新的投资机会。相信各位都明白这样一项基本的经济原理——当各国通过内部和外部的基础设施与其他国家建立起有效连接后，这些网络便可以促进商品交换，从而助推跨境贸易和投资，创造全新市场。

站在社会和经济角度看，这种连接将意味着创造更多的就业机会，由此形成人员流动和城市化的加速推进。得益于"一带一路"倡议，众多机遇将在未来不断涌现，但随之而来的还有许多风险与威胁，需要我们非常谨慎地加以应对。这些风险和威胁源自欧洲、中东和非洲地区固有的复杂性和多样性——从语言、文化、法律框架和监管体系的差异，一直延伸至形形色色的经济和政治发展状态。"一带一路"倡议必须交涉并驾驭这样繁多的变数。这或将令我们现在所处的外交和对外关系，迎来一个崭新时代。

二、欧盟和中东欧

鉴于欧洲、中东和非洲地区如此广泛和多样，为了更好地贴合论坛的主题，本文将关注重点放在东西漫长延伸的欧洲大陆和欧盟（EU，European Union）诸国之上。欧盟是一个成立于 20 世纪 50 年代的贸易集团，现有 28 个成员国。欧盟的独特之处在于，虽然成员国仍然保持着主权与独立，但他们决定在一些能够产生重要合作成效的领域，将"主权"集中在一起。实践中，这意味着成员国将自身的某些决策权委托给他们创建的共同机构，以便在欧盟层面上民主地决定涉及共同利益的具体问题。

欧盟是一个强大的贸易集团，对"一带一路"倡议而言，这既是机遇，又是挑战。"一带一路"倡议需要说服欧盟开放数个沿途市场。但欧盟征收的任何关税都会立即限制其他国家进入一系列市场（欧盟成员国）。理论上讲，欧盟成员国应建立相同或类似的立法。然而实践中，他们在实施欧盟法规的时间和范围方面享有充分自由。同时，无论是从政治，还是经济角度看，一些欧洲国家目前都存在着强烈的民族主义情绪，由此导致了市场保护主义的盛行。执政党和政府需要作出改变，建立新的关系，并且依据每个国家不同的政治选择，认真制定深思熟虑的合作战略。与欧盟以外的国家（东南欧国家）相比，欧盟国家的经济发展方式和需求有着明显不同。然而，即使在欧盟内部，各国发展水平也存在差异，从而为运输、物流、能源等领域的相关投资留下了空间。需要快速发展的国家主要位于中东欧（CEE，Central and Eastern European）。因此，"一带一路"倡议应当采用差别化的方法，为非欧盟国家提供大型工业发展项目的融资和实施支持，而面对欧盟成员国，则应扮演投资者和承包商的角色——相较欧盟西部国家，中东欧国家对中国投资者更加开放。

三、波兰中心通信港口

下面将重点阐述个人的祖国——波兰。波兰在"一带一路"沿线国家合作发展指数（BRCCDI，B&R Country Cooperation Development Index）排名中位列第四，其他两个中东欧国家捷克和匈牙利分别排名第五与第七。该排名表明，这些国家的合作水平高，投资风险低。最近，我们看到了许多中国企业在波兰投资的成功案例，包括弗罗茨瓦夫（Wroclaw）附近的水利系统（河流治理）、物流中心资产组合的购买等。一家中国公司还有兴趣在华沙建设地铁线路。此外，波兰的中央交通港投资预计将达到约100亿美元，于2027年建成。该项目包括建设一座机场、多个铁路交通站点和一系列的道路连接。作为"一带一路"自东向西进入的首个欧盟成员国家、中东欧最大的国家，波兰的这一超大型枢纽有望成为欧洲和亚洲之间的主要连接点。虽然铁路和公路建设可以通过欧盟注资获得支持，但机场建设很可能需要从欧盟外部融资。

四、中国和其他国家该如何利用"一带一路"的契机取得成功

欧亚大陆桥为人们所熟悉，它也是"一带一路"的组成部分。这条铁

路贯穿白俄罗斯、俄罗斯、哈萨克斯坦、波兰、荷兰等国的领土。显然，唯有合作才能使"一带一路"倡议变为现实。因此，我们需要解答一个重大问题：什么能够帮助中国和其他国家依托这一倡议取得成功？本文就此给出如下建议。

1. 了解参与"一带一路"的国家

投资者应当深入了解所投资的国家。这意味着要清楚知晓其商业法律、政治体制和官僚体系。许多西欧国家都已建立了统一而稳定的法律和税收制度。它们可能非常复杂，但已经通过许多努力，使系统和流程保持一致。全面了解每项制度的运作方式，对"一带一路"倡议而言至关重要。与此同时，我们必须认识到，保护主义正在产生影响，竞争或被视为一种威胁。不过中东欧国家依然需要投资，他们还在积极发展运输、物流、能源/可再生能源等行业，故而有望对中国投资敞开大门——特别是一旦欧盟资金在2020年预算中受限，或是被重新投向其他项目/领域当中，某一特定国家的发展目标就面临着失去资助的风险。然而，这些国家也存在着繁杂且不断变化的税收和法律制度，令外国投资者难以进入市场并在地方管制环境中正常运作。了解和驾驭官僚体系殊为不易！

2. 为投资者提供支持，在投资过程中提供指导

我们应当支持投资方并引导他们完成投资程序。投资者和利益相关方需要了解被投资国的法律、税收和监管体系。但是，我们应谨慎选择沟通方式。此处还有另一则与波兰有关的例子——某些咨询公司设立的中文办事机构可以提供语言服务，但却缺乏技术专长，与之相比，英文支持和恰当技术知识的组合或许是更明智的选择。此外，潜在投资方需要与当地机构建立联系。

3. 培养和发展合适的人选，培养自己的人才团队

我们应当设法提供和培养合适的人才。建立合格的人才库是成功的关键。在聘用适当的员工方面，新进入企业需要依靠外部支持。我们不仅可以帮助企业构建最初的员工团队，而且能够进一步为他们提升技能。企业也可以雇用中国留学生和现有的外籍人士。然而，随着"一带一路"倡议推进的速度不断加快，这些来源将无法满足需求。人才争夺战难以避免，而大学和财会行业协会有机会通过培养新生代人才，助力"一带一路"倡议带动的增长。但除了展示卓越技术外，会计师还需要运用战略洞察力和前瞻性思维，积极迎接不同文化和快速变化的环境，并且表现出学习和发展的意愿、坚定必胜的态度和快速有效解决问题的能力，从而在企业中发挥更高层级的作用。

4. 有责任心：财务上支持"一带一路"

我们应该勇敢地担负起自身责任。作为会计师，行为透明和处事诚信对"一带一路"倡议无比重要，而这可以通过为其提供可靠的财务支撑来实现。投资方至少需要两套账务体系——向总部提交的中文报告可以在内部完成；但为了满足当地监管，并且通常还有义务缴纳本地税项，则需要安排会计外包。我们应建立精通国际财务报告准则（IFRS，International Financial Reporting Standards）的专家库，同时帮助财会人才掌握本地税务和监管知识。这无疑也是一项雄心勃勃的目标，ACCA将为此而不懈努力。

五、结束语

"一带一路"倡议的影响范围已远远超越了中国和其他国家政策的范畴。这场经济转型正在将全球合作与贸易关系提升至全新高度。而唯有在各经济体紧密联系、有效合作的前提下，这两条寄托远大理想的国际贸易路线方能成功实现效益增长。

Belt and Road Initiative: a new era for global business services

Brendan Sheehan

(ACCA Council member, Managing Director of White Squires)

A great philosopher once said that the only **Constant** in life is **Change**. And that is certainly the case now.

Over the next few years, China will become the leader of the Globalization agenda

- *Rebalancing* the global Economy
- *And Revising* the International Economic Order

The Belt and Road Initiative has profound strategic significance that will open up a wide range of new opportunities all along the B&R Corridors.

In the time I have now I would like to quickly share my thoughts on how Global Business Services will play a significant part in opening up these opportunities.

I am going to tell you a little about

1. The evolution of Shared Services and what World Class Organisations are doing right now;

2. The important factors underpinning effective Shared Service Operating Models;

3. And then the kind of people you will need working in Shared Services to be able to support BRI projects.

My Background

I have been involved in Transforming Finance and Back Office Shared Service functions of organisations in Ireland, the UK, Australia and Asia Pacific for almost 30 years.

My first introduction to large scale China Based Shared Services was in 2005 when I was working with a Consultant who had been part of the team that delivered the Joint Venture between Dairy Farm and the Jardine Matheson Group to carve out the Finance Departments of both organisations into what became the first ever China BPO called One Resource Group.

This pioneering change opened my eyes to another world and since then I have been involved in negotiating many outsourcing deals on behalf of our clients, mainly into China, India, Philippines and Sri Lanka.

THE EVOLUTION OF SHARED SERVICES

Over that time we have helped organisations, mainly in Australia, to rise up the maturity curve from Level 1—where everything is decentralised and there is little or no standardisation or Governance. Through the more centralised models where technology and offshoring have played a major part in driving standardisation, process efficiency and a lower dollar cost per unit for basic transaction services around IT, Finance, Procurement and HR.

But World Class organisations are now very much moving down the path of Integrated Global Business Services at the Strategic Level:

- Providing multi-functional and standardised business services

- Through a demand driven delivery model across Transactional, analytics and advisory services

- And managed through integrated, outcome-oriented governance

Done well, these World Class Organisations are benefitting from:

1. Higher quality service-delivery through consistent Governance and management processes;

2. Improving Customer Experience while simultaneously focusing on productivity cost and compliance;

3. Enhancing Business Outcomes and Developing New Capabilities through end-to-end process design and standardisation.

The key distinction between Shared Service and the Global Business Services Operating models is the ability **to leverage knowledge across a wide area network**.

The best approximation to the operating model that I can suggest for you is the diagram presented earlier by [**the previous speaker Mr Lian Min**] which looks much like an Information Technology Network, With its Central Servers, distributed Nodes and terminals. But the critical elements of that model are the common standards, protocols and languages that support effective communication and feedback to Central Processing to drive rapid and continuous process improvement.

Of course technology has a hugely important part to play in this operating model and it will be continuously evolving as we see new technology coming online:

I'm not going to spend any time now on how this technology will shape the future of Shared Services, as there are other sessions in this conference that have gone into more detail on this.

As Deputy Director General, Mr Shu said earlier, we could try to list them all but we would be here for a long time. But I will say, with certainty, that technology will be constantly changing and World Class Organisations will need to be able to identify and evaluate... and Plug-n-Play technology, *almost in real time*, to be able to take full advantage of the speed at which it is advancing.

So what other factors determine high performance? While the focus has traditionally been on *driving process efficiency* through Shared Services, according to a 2015 Global Business Services study by The Hackett Group, at the current rate of development, the benefits of Labour Arbitrage from offshoring will be exhausted within the next 5 to 7 years. The transformation journey in Shared Services in the future therefore will be primarily about Technology and Talent Management.

FACTORS UNDERPINNING EFFECTIVE Shared Services orgs

In fact Hackett Group have identified *Talent Management* as the single biggest external risk to an organisation's ability to move up the Global Business Services maturity curve.

And according to their 2017 Deep Dive into the *Key Issues facing HR organisations*, they have identified significant gaps in organisations abilities to address key issues including Skill Shortages, Talent Alignment and Organizational Change.

In the move to more mature Shared Services, World Class Organisations are now shifting focus on how to become more *effective* by:

- Using data analytics technology to improve performance

- Replacing internal FTEs with Technology

- Upskilling staff across every function of the business in the disciplines of process improvement，change management and customer service

In fact 80% of organisations have said that it is this strategy—ie **a focus on Process Excellence**—that will have the greatest impact and deliver the most value to their organisations.

So taking these two aspects together—A Focus on Talent Management and A Focus on Process Excellence... it seems that organisations are now looking for staff that are：

- Excellent Communicators and Problem Solvers

- Who work on the Business... not in the business

- with the ability to drive change and continuous improvement

- not just *within* the walls of the Shared Service organisation but throughout the wider operations of the business and most importantly，in the context of BRI，with the ability to communicate effectively across borders and differing regulatory environments. **And it is in this area that the importance of the work ACCA has done becomes really clear.**

PROFESSIONAL ACCOUNTANTS—the future

Drawing on the research，roundtables and many conversations we have had with experts and accountants around the world it is clear that Accountants have a significant role to play in the success of BRI... and are particularly suited to driving the next wave of maturity in Shared Services.

Increasingly Finance Professionals are expected to play a senior role in

business: displaying not just technical excellence, but strategic insight and forward-thinking counsel. They must demonstrate high levels of Emotional Intelligence and Digital Agility. This trend is highly relevant to BRI: accountants will be *as in* demand as engineers, architects and urban planners, with their inherent abilities to connect the dots, solve problems and quantify risks and opportunities, up down and across the value chain.

Secondly, as Hackett Group have pointed out in their research, **a focus on process excellence will have the greatest impact and deliver the most value to organisations:** for companies to reap the real benefits of the opportunities provided by BRI, they must have a Shared Service Organisation that can respond rapidly to opportunities as they arise. Using data driven metrics and a focus on standardised processes, Accountants will be able to support field operations while simultaneously reducing transaction costs and improving quality.

BRI MAP

Finally, there is a need for a collective and effective accounting infrastructure: across the BRI network, we are looking at more than 60 countries, 50 official languages and dozens of local accounting standards. If we are to improve Shared Services infrastructure for trade across this vast area, we all need to be speaking the same economic language.

This visit to China has been incredibly helpful for me to better understand the Belt and Road Initiative. It is very clear that BRI has created huge excitement and energy in China and that the Government and Institutional bodies are putting enormous resources in place to support it. But, as we have heard a number of times today,

INTERNATIONALISATION of this initiative is critical to its success.

I can tell you from an Australian perspective that we are only in the very early stages of understanding what this is all about. The whispers are beginning among the Big 4 Consulting Firms and the large mining companies about the opportunities BRI can create, but it has not trickled down into the everyday conversations in Australian business. And I suspect that there may be similar ignorance about the opportunities right across the BRI footprint.

Accountants will be key to creating a seamless global accounting infrastructure to facilitate projects relating to BRI. And it is *this mechanism* that I believe will facilitate the conversation around the opportunities ahead.

REF Y2K Bug

Looking out at the audience, most of you don't look old enough to remember the Y2K bug. I was a young ACCA accountant in Ireland at the time, but that too was a global initiative that required the world to mobilise around a common goal. The vast majority of meetings and discussions at that time were about the technical need to fix the Y2K bug but it was the major risk of business failure that got the attention at the Executive table.

Now, instead of the Risks of a global systems meltdown we are talking about the amazing opportunities that come from further accelerating collaboration, capital flows and trade across the global marketplace. Commercially focused Accountants can lead this conversation.

We undoubtedly have the technical skills to be able to deliver the common accounting infrastructure, but I would argue through discussion of the benefits of Global Business Services, we also have the perspective and commercial awareness to be able to make it an *imperative* for organisations to get on board.

ACCA Offices

This year ACCA celebrates **30 years in China**. Whether by chance or design, over that time, the ACCA student and member network has grown rapidly to cover much of the BRI geographical footprint.

Through our forward thinking strategy and our network of operations in 24 of the countries that sit directly on the B & R footprint, ACCA is addressing the skills shortage and other challenges the Hackett Group say organisations are facing by providing the Professional Accountants that the World, *and World Class Shared Service Organisations*, need.

Not only are we providing Business Ready qualified Accountants that can meet the operational needs of organisations across this vast geographical area, but most importantly, and I would argue what sets ACCA apart in the Accounting Profession, is the scale of our support network.

The fact that we are on the ground with physical offices and staff across the B & R routes, we are uniquely positioned to help organisations efficiently achieve their BRI and Global Business Services goals by

1. Leveraging our research and insights and our partner networks, to build awareness about the opportunities, challenges and risks around BRI projects.

2. Supporting the Talent Management pipeline so that organisations can rely on our expertise to get the right people with the right skills to be

able to drive effective communication and continuous improvement.

3. Partnering with ACCA on the work we are doing to harmonise accounting language and to develop a common accounting infrastructure.

FINAL

To conclude. Ladies and gentlemen, BRI brings with it, massive change and opportunity, and as this new trade route develops and grows, Global Business Services models will be the superhighway on which these opportunities accelerate.

As our own research has stated, this presents new and exciting possibilities for Accountants, ACCA members, and the companies and clients they work for.

Accountants are perfectly positioned to lead the evolution of Shared Services into Global Business Services and through our network of operations across the B & R routes, ACCA are perfectly positioned to support this new wave of global co-operation and collaboration over the next 30 years.

I hope this presentation and the following discussion will help us all **to think ahead**!

"一带一路"：
全球商业服务的新时代

石彬/Brendan Sheehan

（White Squires 董事总经理、ACCA 理事会理事）

一位伟大的哲学家曾经说过：世上唯一不变的，就是变化本身。当前的态势无疑清晰印证了这一哲理。未来几年，中国将成为全球化议程的领导者重新平衡全球经济，并且重新建立国际经济秩序。

"一带一路"倡议具有深远的战略意义，有望在"一带一路"沿线开辟出广泛而崭新的机遇。本文就全球商业服务（Global Business Services）对释放这些契机所起到的重要作用，概括分享个人的看法。

本文将简要说明：共享服务（Shared Services）的发展进步，以及世界级组织目前正在采取的行动；使共享服务运营模式切实有效的重要因素；企业需要为共享服务配备何种人才，从而有力支持"一带一路"相关项目。

一、个人工作经历

近 30 年来，本人一直在爱尔兰、英国、澳大利亚和

亚太地区，致力促进组织财务及其他后台共享服务职能的转型。

2005 年，第一次接触到设在中国的大规模共享服务。当时，一位合作的咨询师提到，他所在的团队曾负责将牛奶国际（Dairy Farm）和怡和集团（Jardine Matheson Group）两家组织的财务部门拆分出来，整合为一家合资机构，从而创建了中国首家业务流程外包（BPO）组织——OneResource Group[①]。

这一具有开创意义的革新之举令人豁然开朗。自那时起，本人代表客户参与了许多外包服务交易的谈判，此类服务的承接方主要都来自中国、印度、菲律宾、斯里兰卡等地。

二、共享服务的演进

长期以来，本人所在的机构一直在帮助组织——主要在澳大利亚，从 1 级开始逐级提升共享服务成熟度，通过更为集中化的模式，改变之前普遍分散、缺乏或完全缺失标准化及治理的局面。在这一过程中，技术与离岸外包发挥着重要作用，有力推动了 IT、财务、采购、人力资源等职能领域的标准化与流程效率，以及基础交易型服务的单位成本下降。

但与此同时，世界级组织正在战略层面上，朝着综合化的全球商业服务迈进：提供多职能、标准化的商业服务；在交易、分析、咨询等服务类别中全面引入需求驱动型交付模式；通过整合、面向产出的治理方式进行管理。

利用以上领域的出色行动，这些世界级组织收获了诸多效益：依托始终如一的治理与管理流程，提供更高质量的服务交付；在改善客户体验的同时，聚焦于生产成本及合规性；通过端到端的流程设计和标准化，扩大业务产出并发展新的能力。

---

① 译者注：根据怡和集团的公告，该公司由牛奶国际和安永联合成立，而牛奶国际由怡和集团控股 60%：http://www.irasia.com/listco/sg/jm2/news/press/20000229_1.html，The first of these was the creation of OneResource Group, a joint venture between Dairy Farm and Ernst & Young.

共享服务与全球商业服务两种运营模式之间的关键区别，就是后者能够在广泛跨越各领域的网络中充分利用知识。连敏先生在其发言中展示的图表，非常清晰地描绘了全球商业服务运营模式，它看起来很像一个信息技术网络，拥有中央服务器、分布式节点以及终端。但该模式的关键要素在于共同的标准、协议和语言，这些要素支持着与中央处理过程之间的有效沟通和反馈，从而驱动快速且持续的流程改进。

毋庸置疑，技术对于这种运营模式具有极为重要的作用。随着新技术纷纷投入应用，它亦将不断发展。在此，本文不想赘述技术将如何塑造共享服务的未来，因为本次会议的其他专题已就此做了详细探讨。

正如舒惠好副司长所言，我们可以尝试列出技术对变革的所有影响，但这会耗费大量时间。不过本文可以肯定，技术将不断变化，世界级组织需要建立近乎实时的识别和评估能力，以及即插即用型技术，从而充分借力日新月异的技术潮流。

那么，卓越绩效还取决于哪些其他因素呢？根据咨询机构哈克特集团（The Hackett Group）2015 年所做的全球商业服务调研发现，尽管共享服务的着眼点仍主要停留在提高流程效率方面，但按照目前的发展速度，离岸外包带来的劳动力套利优势将在未来 5～7 年内耗尽。因此，未来驱动共享服务转型的焦点会投向技术以及人才管理。

三、高效共享服务组织的构建要素

实际上，哈克特集团已将人才管理列为组织能否提升全球商业服务成熟度的最大外部风险。此外，该机构在 2017 年还就人力资源部门面临的关键挑战展开了深入调研，结果发现：在应对技能短缺、人才匹配和组织变革等重要问题方面，这类组织普遍存在着明显的能力缺口。

为了达到更高的共享服务成熟度，世界级组织目前正在转变关注点，着力通过以下方式提高有效性：使用数据分析技术改善绩效；利用技术取代内部全职员工；针对流程改进、变更管理和客户服务等领域，提升各职

能部门的员工技能。实际调查中，80%的组织均表示，这种专注于流程卓越的战略将产生最大影响力，并为自身组织带来最大价值。因此，我们可以将这两方面的考量结合在一起，即同时聚焦人才管理与流程卓越，从而明确组织正在找寻的人才：优秀的沟通者和问题解决者；真正致力于促进业务，而非只是机械地完成工作；具备推动变革和持续改进的能力；不局限在共享服务组织的职能范围内，而是投身到整个企业更广泛的运营当中。

在"一带一路"的背景下，人才最重要的素质，就是能够跨越不同国家和地区、不同的监管环境开展有效沟通。而正是在这一领域，ACCA 的工作重要性就显得尤为突出。

四、专业会计师的未来

通过研究、圆桌会议以及与世界各地专家和会计师进行广泛对话，我们非常清楚地看到，会计师将为"一带一路"倡议的成功发挥重要作用，特别是能够助推共享服务新一轮的成熟度浪潮。

首先，财会专业人员有望在企业中扮演日益关键的角色。不仅展示其技术的卓越，还能提供战略洞察及前瞻思维。他们必须表现出高度的情商和数字敏锐性。而这一趋势与"一带一路"倡议息息相关：会计师将成为像工程师、建筑师和城市规划师一样的急需人才，运用其固有能力，由点到线、贯穿整条价值链来解决问题，准确量化其中的风险与机遇。

其次，正如哈克特集团的研究报告指出的那样，聚焦流程卓越将产生最大影响，使组织收获最大价值。企业若想把握"一带一路"倡议提供的契机、真正获得效益，就必须建立能够在机会出现时快速作出响应的共享服务组织。通过充分利用数据驱动型指标，并着力关注标准化的流程，会计师不但可以支持现场运营，而且能够在提高服务质量的同时降低交易成本。

五、"一带一路"倡议蓝图

我们需要建立一套集体共享、有效运作的会计基础设施。目前在"一带一路"倡议已覆盖的网络中，我们可以看到 60 多个国家和地区、50 余种官方语言和数十种当地会计准则。如果我们希望改善共享服务基础设施、促进这一广大区域的贸易发展，我们就务必采用统一的经济语言。

本次来中国访问，极大地帮助个人深入理解了"一带一路"倡议。很明显，"一带一路"倡议在中国激发了巨大的振奋与活力，政府和机构组织纷纷投入大量资源来予以支持。但是，恰如我们今天多次听到的那样，这一倡议的国际推广对其成功至关重要。

就澳大利亚的角度而言，我们仍处在了解其全面影响的最初阶段。四大咨询公司和大型矿业企业已开始私下讨论，"一带一路"倡议可以创造哪些机会。但这尚未成为澳大利亚企业普遍商谈的日常话题。而且有理由怀疑，"一带一路"倡议沿线国家和地区可能都存在着类似情况，许多机遇都被白白忽视。

会计师将成为创建无缝的全球会计基础设施、进而推动"一带一路"倡议相关项目的关键，这种机制还将促进围绕未来机遇的广泛对话。

六、以"千年虫"问题为鉴

台下的与会者大多都朝气蓬勃，或许未曾亲身经历过"千年虫"风波。本人那时还只是爱尔兰一名年轻的 ACCA 会计师。为了应对"千年虫"，世界各国也发起了一项全球倡议，需要各方围绕同一个目标展开动员。当时，绝大多数会议和讨论均针对修复千禧纪年缺陷的技术需求，但在企业高管会议上，受到关注的却是业务失利的重大风险。

当前，我们关注的不再是全球系统崩溃危机，而是跨越全球市场，进一步促进协作、资本流动和贸易所带来的惊人机遇。聚焦商业活动的会计师能够引领这场对话。

毫无疑问，我们拥有打造通用会计基础设施的技术能力，但希望通过探讨全球商业服务的益处来说明。我们还具备恰当视角和商业意识，能够帮助组织充分认识到：加入"一带一路"倡议是势在必行的优先战略。

七、ACCA 的服务网络

2018 是 ACCA 中国的 30 周年华诞。凭借天时、地利、人和，ACCA 中国的学员和会员网络在此期间迅速发展。时至今日，他们的工作地点已覆盖了"一带一路"倡议所延伸到的大部分地区。

依托我们前瞻性的思维战略和分布于"一带一路"沿线的 24 个国家的服务网络，ACCA 正在锐意破解哈克特集团所指出的组织面临的技能短缺和其他一系列挑战，为全世界和世界级共享服务组织交付所需要的专业会计师。

我们不仅培育着具备优秀业务技能的合格会计师，以此满足这一广阔地理区域内组织的运营需求；而且更重要的是，ACCA 在财会职业领域无可比拟的庞大网络，能够为他们提供鼎力支持。

事实上，我们已在"一带一路"沿线设置了长期办事机构和员工，因而拥有独特的优势，襄助组织通过以下方式有效实现"一带一路"倡议和全球商业服务目标：充分利用我们的研究、洞察，以及合作伙伴网络，准确了解"一带一路"倡议项目的机遇、挑战和风险；支持人才管理渠道，组织可以依靠我们的专业知识，获取拥有恰当技能的合适人员，促进有效沟通和持续改进；在协调会计语言、开发通用会计基础设施等工作中，与ACCA 开展合作。

八、结束语

"一带一路"倡议无疑带来了巨大的变化与机遇，随着这两条崭新贸易路线的不断发展和延伸，全球商业服务模式将成为加速实现种种机遇的引擎。正如我们的研究所揭示的那样，这为会计师、ACCA 成员及其所服务的企业与客户，均提供了令人兴奋的全新可能性。

　　会计师完全有能力引领共享服务向全球商业服务的发展，而依托我们在"一带一路"沿线的服务网络，ACCA 已充分做好准备，支持未来 30 年全球合作与协同的新浪潮。由衷地希望，本文和随后的讨论将帮助我们所有人高瞻远瞩、洞察先机！

"一带一路" 合作与发展

LEE, ERIC KONG

（浪潮集团副总裁）

　　近年来，中国信息化建设取得令世界瞩目的成果。作为中国信息化建设的主力军，浪潮基于在中国这一最复杂 IT 市场数十年的政企信息化实践，形成了领先的 IT 产品和成熟的建设模式，业务已推广至全球 117 个国家和地区，重大项目覆盖了"一带一路"沿线一半以上的国家，是"一带一路"信息化建设的强力推动者和最佳实践者。本文总结浪潮近年来自身及推动中国龙头企业走出去的经验，分享以下几点。

一、云是企业"走出去"的重要承载，是实现"一带一路"数字联通的关键支撑

　　当前，以云计算、大数据、物联网、区块链和人工智能为代表的数字技术层出不穷，其中，没有云计算就没有大数据，没有大数据就没有人工智能。在这些技术中云是基础，推动"一带一路"建设，企业应采用"云

优先"的策略，加快上云的步伐，通过基础设施上云、业务上云、管理上云，搭上信息高速公路快车，融入"数字丝绸之路"。

在打造全球业务过程中，浪潮自身充分利用云计算、共享模式，满足各个国家和地区的需求，对此我们的全球运营也收获颇丰。通过上云，在增加新应用的前提下，节省 250 余台服务器，空间节约 89.47%，每年节约电费超过 130 万元，节约设备采购费近 600 万元。

中国交建携手浪潮，三步走打造全球财务共享云，是"一带一路"企业"走出去"的典范。中国交建旗下二级单位中交二航局于 2017 年在马来西亚吉隆坡建立东南亚财务共享中心，业务覆盖马来西亚、越南、泰国、文莱和菲律宾五个国家，可纳入海外财务共享中心的单位有 20 个，其中，在东南亚有 9 个，借助财务共享云，将各地企业标准统一，将通用语言等固化到 IT 系统中，实时透视下属单位经营成果，有效解决了集中管控难题，加速推动了财务数字化转型。

为更好地支持企业上云，浪潮不断加大产品云化步伐，推出云 ERP 系列产品。浪潮云 ERP 拥有大型企业云平台 GS7、中小企业云平台 PS Cloud、小微企业 SaaS 应用云平台，以及财务共享云、大数据分析云、智能制造云、电子采购云、司库与资金云、人力云等云产品，依托浪潮云的技术能力和整合能力，利用云计算、大数据、物联网、移动互联、人工智能等技术，全面支持企业上云，助力建设"互联、共享、精细、智能"的智慧企业。

二、以生态模式推动"一带一路"信息化建设

中国企业在"一带一路"沿线开展业务时，面临着六大挑战——文化差异、国际化人才、业务风险、信息安全、可持续资金保障，以及全球资源整合。为更好地解决这些问题，中国企业在开展相关业务时，在优先考虑云和共享服务的同时，应寻找技术伙伴、当地伙伴和资金伙伴，注重知识迁移和技能培训。

推动"一带一路"数字互联互通，让本地社区充分享受新技术带来的好处，通过培训形成知识、技能的迁移非常重要。目前浪潮已在海外主办或承办了500多场技术培训和宣讲活动，为"一带一路"沿线国家培训了超过1万名技术专家和官员，累计对外培训税务官员超过1 000次。以"税收风险"主题为例，"以票控税"是中国的税务治理理念，借助税务信息化服务项目，浪潮将这一理念分享到20多个国家。同时，浪潮也正在与上海国家会计学院合作为国外人员提供财务类培训。

"技术方案＋金融方案"融合，整合资源，发挥1＋1＞2的作用，推动"一带一路"国家发展共赢。近期，浪潮与欧洲市场占有率第一的开源ERP软件厂商Odoo成立合资公司，并推出基于微服务架构的开源云ERP产品——PS Cloud。产品采用开源生态模式，目前全球已有近20 000位开发者加入社区，其中也包括"一带一路"沿线国家的开发者。同时，在2017年11月浪潮联合思科、IBM、迪堡多富、爱立信共同成立了"一带一路"数字化经济战略联盟，并与中国进出口银行、中国国家开发银行、中国出口信用保险公司以及中非发展基金有限公司国家政策性金融机构的积极合作，为联盟提供强有力的金融资金支持。浪潮通过这些合作为"一带一路"相关国家信息化建设提供"数据中心＋云服务"、智慧金融、智慧家庭、智慧税务、智慧城市的整体技术解决方案和金融资金支持，已在泰国、孟加拉国、坦桑尼亚等南亚、非洲国家开展样板工程。

作为"一带一路"信息化建设的积极践行者，作为中国领先的云计算、大数据服务商以及云时代企业管理软件领导厂商，浪潮正在积极地将成熟的"中国方案"推广到"一带一路"沿线国家。未来，浪潮将发挥在云计算、大数据和企业信息化方面的优势，更多地参与到"一带一路"会计研究中心的建设中来，助力更多的中国企业上云出海扬帆远航，加速推动"一带一路"建设的合作共赢。

"一带一路" 背景下国际化会计人才培养的思考

田高良

(西安交通大学管理学院教授)

2013 年 9 月 10 日，中国国家主席习近平在出访中亚和东南亚国家期间，先后提出共建"丝绸之路经济带"和"21 世纪海上丝绸之路"的重大倡议，总称为"一带一路"倡议，得到了国内外的高度关注和积极响应。"一带一路"已成为中国与欧亚沿线国家共同发展的重要战略平台，对促进相关国家的经济繁荣和发展具有重要意义。2018 年是中国改革开放 40 周年，也是"一带一路"倡议实施五周年，探讨"一带一路"背景下的国际化会计人才培养问题十分必要。

一、选题背景

选择背景有三：一是党的十九大报告；二是"一带一路"国际合作高峰论坛；三是教育部制定的《推进共建"一带一路"教育行动》。

背景一，党的十九大报告

党的十九大报告的主题是：不忘初心，牢记使命，高举中国特色伟大社会主义旗帜，决胜全面建成小康社会，夺取新时代中国特色社会主义伟大胜利，为实现中华民族伟大复兴的中国梦不懈奋斗。十九大报告强调优先发展教育事业。完善职业教育和培训体系，深化产教融合、校企合作。加快一流大学和一流学科建设，实现高等教育内涵式发展。同时强调深化科技体制改革，建立以企业为主体、市场为导向、产学研深度融合的技术创新体系，加强对中小企业创新的支持，促进科技成果转化。可以看出，从国家顶层设计来看，已将人才培养作为优先发展战略。

背景二，"一带一路"国际合作高峰论坛

2017年5月14日，国家主席习近平在北京出席"一带一路"国际合作高峰论坛开幕式，发表题为《携手推进"一带一路"建设》的主旨演讲，指出要将"一带一路"建成和平之路、繁荣之路、开放之路、创新之路、文明之路。5月15日，"一带一路"国际合作高峰论坛圆桌峰会在北京雁栖湖国际会议中心举行，30个国家的领导人和联合国、世界银行、国际货币基金组织负责人，围绕"加强国际合作，共建'一带一路'，实现共赢发展"主题，就对接发展战略、推动互联互通、促进人文交流等议题交换意见，达成广泛共识，形成系列成果。成果涵盖政策沟通、设施联通、贸易畅通、资金融通、民心相通5大类，共76大项。推动"一带一路"倡议，必须科、教、文先行，对高校来说，主要任务就是培养国际化人才，推进民心相通工程。

背景三，教育部制定的《推进共建"一带一路"教育行动》

该文件作为国家《推动共建"一带一路"愿景与行动》在教育领域的落实方案，将为教育领域推进"一带一路"建设提供支撑。推进共建"一带一路"，为推动区域教育大开放、大交流、大融合提供了大契机。"一带一路"沿线国家教育加强合作、共同行动，既是共建"一带一路"的重要组成部分，又为共建"一带一路"提供人才支撑。中国愿与"一带一路"沿线国家一道，扩大人文交流，加强人才培养，共同开创教育美好明天。教育交流为沿线各国民心相通架设桥梁，人才培养为沿线各国政策沟通、设施联通、贸易畅通、资金融通提供支撑。

二、"一带一路"背景下国际化会计人才应具备的素质

"一带一路"倡议的实施，从会计领域来讲，首先要培养一批国际化会计人才，具有国际视野、复合多元、"四业"精神、国际交流等素质。

一是国际视野

"一带一路"贯穿欧亚大陆，东西连接活跃的亚太经济圈和发达的欧亚经济圈，中间广大腹地是经济发展潜力巨大的发展中国家。这些国家普遍处于经济发展的上升期，互利合作前景广阔。在此背景下，国际化会计人才首选必须具有国际视野、战略眼光、开放意识、合作包容的素质。

二是复合多元

"一带一路"的战略畅通路线，从地理位置上贯通了中亚、西亚、东南亚、中东欧等地区的至少65个沿线国家，涉及各个领域，十多种会计制度。因此，国际化会计人才必须具有复合多元的素质。既熟练外语，又精通专业；既懂中国法规，又懂国际惯例；既传承中国文化，又具有跨文化沟通交流的能力。

三是"四业"精神

为了实现"一带一路"的战略构想，化倡议为行动，国际化人才必须具有"四业"精神：敬业精神，即把平凡的工作当作伟大的事业来做，认认真真做好每一件事，兢兢业业干好每一项工作。职业精神，即具有类似职业军人的职业精神，既能驰骋疆场，又能纵横商场。美国西点军校培养出了很多优秀的军人，他们转业后照样在世界500强企业表现出色。凤凰卫视董事局主席的刘常乐先生、华为创始人任正非先生均是军人出身，也是这方面的杰出代表。专业精神，即工匠精神，对自己的产品、工作精雕

细琢，精益求精的精神理念。专家出手，一定要专业。创业精神，在当代全球科技迅猛发展的时代，"一带一路"建设必须创新驱动发展，刻苦拼搏，努力提高国际竞争力。国际化会计人才必须敢于打破传统思维，挑战权威，富有创新的能力。

四是国际交流

"一带一路"背景下，中国人必须"走出去"，不仅要带出技术，带出装备，带出金融，还必须带出中国的文化。在国际交往中，文化交融，十分重要，不同的宗教信仰，不同的风俗习惯，不同的人文理念，必须加强沟通谋和，才能事半功倍。国际化会计人才必须具有国际交流的素质，经常参加国际活动，参与国际会议，具有丰富的国外经历，提高处理国际事务的能力和国际合作的能力。

三、西安交通大学发起成立"新丝绸之路"大学联盟

（一）历史的足迹

1. 西安交通大学的历史回顾

西安交通大学前身为 1896 年创建于上海的南洋公学，是中国历史上第二所现代大学。1956 年，交通大学主体迁至西安，1959 年定名为西安交通大学。西安交通大学是中国以创建世界一流大学为己任的高水平知名大学，是首批进入国家"211"和"985"工程建设院校，是 C9 联盟成员之一，学校是一所具有理工特色，涵盖理、工、医、经、管、文、法、哲、教、艺 10个学科门类的综合性研究型大学，设有 27 个学院（部）、9 个本科生书院和19 所附属教学医院。现有教工 5 982 人，其中专任教师 3 072 人。学校教师队伍中有两院院士 38 名。学校现有全日制在校生 38 103 人，其中研究生18 919 人。有来自 132 个国家的 2 600 余名国际留学生就读于西安交大。

2."一带一路"：构建我们共同的梦想

2000 多年前，我们的先辈贯通了一条始于长安、横贯欧亚大陆、连接欧洲乃至北非的"丝绸之路"。2000 多年来，"丝绸之路"谱写了东西方文

明交汇、商业互通的历史传奇。2013 年 9 月，习近平主席访问中亚时在演讲中讲道："我的家乡中国陕西省，就位于古丝绸之路的起点"并提出了"丝绸之路经济带"的构想。

传承"和平合作、开放包容、互学互鉴、互利共赢"的丝绸之路精神，由西安交通大学首倡发起，香港理工大学、哈尔滨工业大学、英国利物浦大学、莫斯科动力与工程学院、莫斯科鲍曼国立技术大学、哈萨克斯坦国立大学、米兰理工大学、那扎尔巴耶夫大学、澳大利亚新南威尔士大学、巴基斯坦国立科技大学、韩国釜山大学、土耳其萨班其大学等百余所高校积极响应的"新丝绸之路"大学联盟（以下简称联盟）于 2015 年 5 月 22 日在西安正成立。2016 年 4 月，联盟首届常务理事会在西安交大顺利召开。截至目前，已有来自 40 个国家和地区的 160 多所高校加入联盟。该联盟将形成弘扬丝绸之路之精神，横跨世界 5 大洲的高等教育合作平台，着力打造"丝绸之路学术带"。

3. 向愿景迈进的西安交通大学

联盟的成立产生了广泛社会反响。西安交通大学王树国校长在接受 CCTV 采访时讲道："'新丝绸之路'大学联盟致力于加强联盟成员之间的合作，并促进不同国家和地区青年之间的友谊。我们希望在百年中国梦实现之际，'新丝绸之路'大学联盟能够成为世界范围内的高等教育领域最具影响力的联盟。"落实创新驱动战略，今天的西安交通大学正在建设占地 283 公顷的西部科技创新港。西安交通大学学子景海鹏、陈冬两位航天员顺利完成了天宫二号和神舟十一号的任务，展现了西安交通大学学子的风采。

（二）联盟进展暨丝路主题工作情况

三年多以来，联盟也在成员发展、机制建设、交流合作等方面取得了卓有成效的成就。西安交通大学也围绕丝路主题，开展了一些工作。

1. 在联盟框架下开展形式多样的校际合作

一是搭建合作平台，推进校际交流

目前，相关盟校已经在联盟框架下签署 80 余项校际协议。西安交通大

学也已与 60 多所海外盟校签署各类合作协议，如与新南威尔士大学共建联合实验室，与利物浦大学合作共建联合研究院，与吉尔吉斯国立工程、交通与建筑大学共建 "丝路国际商学院" 等。二是汇聚一流学者，培养精英人才。在汇聚一流学者、培养精英人才方面，联盟秘书处每年举办 "丝绸之路青年学者论坛"，有来自全球 300 余位青年学者参加了该论坛；开设了中国法、国际商法、中华文化等硕士课程项目；向联盟提供 300 个奖学金名额，推动盟校间人才培养。

三是围绕丝路主题，开展人文交流

自联盟成立以来，西安交通大学与香港理工大学已联合主办了三届 "丝路文创暑期课程" "丝路青年领袖计划"，来自 14 个国家和地区的 300 多名学生参加；西安交通大学还与俄罗斯圣彼得堡理工大学、哈萨克斯坦纳扎尔巴耶夫大学等 5 个国家 8 所高校共同举办了 "'丝绸之路'高校留学生夏令营"。

四是服务 "一带一路"，开展政策研究

"丝绸之路经济带研究协同创新中心" 是西安交通大学与商务部、外交部共建的研究中心，该中心为国际能源宪章、中美投资协定谈判、达沃斯世界经济论坛有关决策提供了大量支持。西安交通大学欧亚经济论坛研究院也在论坛上发布研究报告。西安交通大学管理学院也已经在联盟框架合作下完成了 "一带一路" 国情报告，举行了 "中美新型大国关系下的'一带一路'高端学术研讨会"，出版了论文集《"一带一路"：机遇与挑战》，推出了系列《中国社会发展研究报告》。与国家发改委联合成立 "改革试点探索与评估协同创新研究中心"，以建成改革试点探索与评估主题研究的世界一流智库为己任，面向我国改革试点探索与评估的重点、热点问题，联合各方力量开展广泛的协同合作，以 "世界视野、中国核心、创新特色" 为主旨，以建设成为 "国内具有重要影响力的 100 所国家智库" 之一为目标，培养精英人才、推动学术交流，为国家战略与区域经济发展提供最高质量的学术、人才和专业支持。

五是促进产学研合作，加强社会服务

目前，西安交通大学已在联盟框架下签订 8 项产学研合作协议，并建立若干联合实验室，包括与米兰理工大学共建设计学院等。西安交通大学附属医院已经与哈萨克斯坦东干协会签订了"'丝绸之路'经济带医疗合作协议"。与美国卡特中心联合成立西安交通大学——卡特中心和平与发展研究中心，建立国际一流智库，为国家区域的发展提供强有力的咨询服务；与麻省理工学院、哈佛等世界一流大学开展了一系列实质性的交流合作，目前合作伙伴遍及全球 20 多个国家和地区的 60 多所高校、上百家科研院所和企业。

2. 推进子联盟建设

西安交通大学管理学院与中亚五所高校联合发起成立"'丝绸之路'管理学院联盟"，与麻省理工斯隆学院签署战略合作协议，共享 MBA 课程和实验室建设，互派教师在教学、科研等领域深入交流对接，开展"中国实验室"项目；并与麻省理工学院数据科学和数据质量研究中心合作成立了我国首家"数据科学与信息质量研究中心"；与哈佛大学共建中国管理案例中心，并将合作案例写入哈佛案例库；与俄亥俄大学开展本科生"GCP"全球咨询项目；与英国 ACCA 合作成立"国际会计师 ACCA 成建制教改试点班"，等等。西安交通大学法学院与来自五大洲的 21 所高水平大学法学院共同发起"丝绸之路大学法学院联盟"；机械学院发起"丝路先进制造与纳米技术子联盟"；法医学科发起"丝路法医联盟"。

3. 近期开展的工作

一是信息共享，开通联盟网站

依据联盟成员的建议，为更好地服务盟校，联盟网站已经在秘书处的努力筹备下开通。希望此举能够更好地加强盟校间信息共享。

二是完善机制，加强联盟组织

2016 年 4 月 9 日，首届常务理事会在西安交通大学召开，会议通过《"'新丝绸之路'大学"联盟章程》并发布《西安共识》，18 所大学成为首

届联盟理事会成员。

三是吸纳资源，助力联盟建设

我们广泛吸纳社会资源，助力联盟建设。在第一届常务理事会上，联盟接受了来自奇正集团 100 万元捐赠用于相关活动组织。

四是依托联盟，举办各类论坛

依托联盟平台，近 3 年，西安交通大学已承办了"世界一流大学校长峰会""'一带一路'质量高端论坛""丝绸质量青年学者论坛"等高端论坛，扩大了社会影响。

（三）我们共同的未来

作为联盟成员之一，我们的合作倡议如下：一是围绕"绿色丝绸之路与可持续发展"主题，开展专项合作；二是着力推动人才培养与青少年交流活动，如双学位计划、扩大国际学生规模、提供丝绸之路奖学金、组织开展丝绸之路机器人大赛等；三是举办论坛与博览会。2019 年"丝绸之路"博览会将在陕西省政府支持下召开，与此同时将举办高等教育论坛，西安交通大学期待盟校的热情参与，感谢国内外高校对于各项活动与倡议的大力支持。

从古老的"丝绸之路"到今天的"一带一路"倡议，"丝绸之路"精神薪火相传。在 21 世纪的今天，联盟在大家的共同努力下从愿景到行动，将"丝绸之路"精神与高等教育发展相结合，助力青年一代的培养，推动高等教育开放合作。未来，我们期待与国内外高校携手，在联盟框架下的合作有更加美好的未来。

四、西安交通大学国际化会计人才培养探索

随着经济全球化和我国加入 WTO，培养具有国际职业水准的高素质国际化会计专门人才迫在眉睫。2001 年，西安交通大学组建了国内第一个成建制 ACCA 教改试点班。其培养目标是：以培养创新型、实用型、复合型的高素质国际化会计专门人才为宗旨，以创建定位准确、优势突出、水

平领先的一流 ACCA 名牌专业为目标。

18 年来，西安交通大学紧紧围绕 ACCA 教学改革和特色专业建设，完成教改课题 20 余项。通过教学改革研究，西安交通大学为 ACCA 教学模式提供理论支持，促进 ACCA 教学创新，形成了一套基于国际化人才培养定位的 ACCA 教学模式，效果显著。2007 年西安交通大学 ACCA 专业获高等学校教学质量与教学改革工程省级第二类特色专业建设点。2009 年西安交通大学"基于国际化人才培养定位的 ACCA 教学模式创新与实践"获国家级教学成果二等奖，ACCA F9 "Financial Management" 课程被评为"国家级双语教学示范课程"。2011 年，西安交通大学管理学院 ACCA 中心被 ACCA 总部授予"ACCA 白金级培训机构"。

通过多年的探索实践，西安交通大学创建了一套独具特色的双语教学模式，在国内首次实施了会计学学历教育与国际执业资格教育相融合的培养模式，率先推行了具有特色的 ACCA 本科生培养计划，将 ACCA14 门英文课程融入其中，进而推行了 ACCA 与 CPA 相融合的新计划；建立了执业资格能力培养与综合素质培养相结合的模式，培养了一批胜任双语教学的师资队伍，建立了具有 ACCA 特色的教学管理机制、教学实验平台和实习基地。西安交通大学现已招收 18 届 ACCA 专业方向学生 1 200 多名，其中 14 届 1 000 多名学生毕业，就业率达 100％。西安交通大学 ACCA 全球统考取得优异成绩，40 名同学获得全球统考状元，其中 6 名同学获得单科全球第一；34 名同学获单科中国内地第一。西安交通大学代表队获得"2018ACCA 全国就业力大比拼"总决赛冠军。

圆桌讨论： 合作与发展

主持人：

付建华（用友副总裁）

讨论嘉宾：

任明睿(Marta Rejman)（阳狮集团共享服务中心负责人、
　　　ACCA 理事会理事）

石　彬（Brendan Sheehan）（White Squires 董事总经理、
　　　ACCA 理事会理事）

Lee Eric Kong（浪潮集团有限公司副总裁）

田高良（西安交通大学管理学院　会计与财务系主任、
　　　教授、博导）

Question 1：How do global companies from China
standardize accounting and financial management?

问题 1：中国"走出去"企业如何进行会计和财务管
理的标准化建设？

Marta Rejman：We have no way to change the
standards of any country. What we can do，however，is
to use the process and technology to address the

differences. Globally used ERP systems should include customisations that allow for proper recording of transactions in accordance with local rules and regulations. My experience shows that it is common among the global corporations to use two sets of books, one for local reporting and one for international standards that allow for results comparison. Technology should support accountants in accounting for differences and allowing comparability. Technology should also be flexible enough to accommodate fast and frequent changes in local regulations. Here, technology providers can play a major role.

Marta Rejman：我们没有办法对各个国家的标准随意进行改变，但是我们能够做的一点是采用流程和技术弥合它们之间的差异。在全球范围使用的ERP应当包括定制内容来允许根据当地的规章制度来记录交易。以我个人经验来看，全球公司通常使用两套账目，一套用于本地报告，另一套用于国际标准，以便进行结果比较。技术应该支持会计师考虑差异并允许可比性。技术也应该足够灵活以适应当地法规的快速和频繁变化。在这方面，技术提供商能够发挥重要作用。

Panel Chair：Under the accounting requirements of multinational accounting standards, if there is no way to standardize accounting systems and guidelines, we should rely on information technology to solve a series of problems. For example, from a technical point of view, we can define the rules in the software with those in the system which corresponds to accounting rules in many different countries. When accounting personnel in different countries conduct accounting, most of the credentials are automatically generated by rules. So, IT vendors will put multinational accounting standards into the software system to provide services for multinational accountants.

付建华：在我们面对多国会计准则的会计核算要求之下，如果会计核

算制度和准则没有办法标准化，则应该借助信息技术解决一系列的问题，比如从技术的角度讲，可以把很多不同国家的会计核算的规则用系统当中的规则定义到软件系统当中，不同国家的会计人员在进行核算的时候，大部分会计凭证可通过规则自动生成。为此，IT 厂商可把多国会计准则放到软件系统当中，为多国会计人员提供服务。

Marta Rejman：The same software is used in different countries. The ideal solution would include system rules that can automatically address and accommodate for country specific tax and legal differences.

Marta Rejman：相同的软件可在不同的国家、地区使用。理想的解决方案包括系统规则，这些规则可以自动解决和适应国家特定的税收和法律差异。

Question 2：How IT can influence the government or professional accounting research institutions in solving multinational accounting standards?

问题 2：IT 技术如何助推政府或专业会计研究机构解决跨国会计准则？

Brendan Sheehan：It takes a multiple approach. With software technology，software providers must engage in this solution. In addition，we find professional accounting firms，or regulators，must define such rules. Our rules are different for each country，but we have to know whether the rules are contradictory and consistent. Accountants play a role in this process. What opportunities are established in the "Belt and Road" policy? We hope that the organization can recognize the same reporting standards. From the perspective of the technology provider，they must provide their customers with a solution that can solve a problem specifically，rather than merely selling it. First，they should understand the customer's pain points and demands，as well as their problems，so as to standardize the report. Through consultation，including collaboration and collaborative efforts，the final solution can be negotiated. During this process，you may need to put massive efforts and time into your work，so that completing the task is just a matter of time.

Brendan Sheehan：要多管齐下才行，借助软件技术，软件提供商必须要加入到这个解决方案当中。除此之外，我们发现专业的会计师事务所或监管机构必须定义这样的规则。我们的规则对每个国家不同，但是我们要看一下规则是不是相互矛盾或一致。会计师在这个过程中发挥作用。"一带一路"的政策有哪些机会？我们希望能够让组织去认同同样的报告准则。从技术提供商的角度，他们必须为客户提供专门问题的解决方案，而不仅仅是为了售方案而售。首先要了解客户的痛点和需求是什么，要解决的问题是什么，才能把报告进行标准化。通过咨询，包括协同与合作，可以协商形成最终的解决方案。在这个过程中可能需要在工作中投入大量精力和时间，而完成任务也只是时间的问题。

Question 3：What new technologies，services and tools are needed for enterprises along the Belt and Road to conduct business?

问题 3：企业在"一带一路"开展业务时，需要借助什么新技术、新服务、新工具？

Lee Eric Kong：首先，很多"一带一路"沿线的国家，都比较欠发达，所以第一个建议是，必须要有高速云的技术架构能够保证人与人之间的互通互联，人与机器之间的互通互联，这样才会有消费互联网。其他方面的物联网能够不断发展，能够推动电商领域的发展，而且在整个互联网经济当中有欣欣向荣的景象展现。就浪潮集团的角度而言，在中国有很多经验，我们的系统为中国企业打造，如以发票为基础的税收系统。除此之外，我们产品成功地出口，复制到非洲。如粮食的仓储管理系统，确保这

些粮食储存粮仓能够进行全国性管理。这些系统已经证明非常成功，而且在海外也可以得到有效实施。

互联网方面，就政府使用的角度而言，包括电子政务的解决方案，建议提高服务水平和透明度，包括公共领域当中的工作效率；就企业而言，推荐"以云为先，数字化为先"的战略。在数字化转型领域当中，可以看到有平等化的机会，欠发达经济和发达经济可以同日而语，大公司和小公司可以在同一起跑线，这是非常重要的 BRI 沿线国家的平台。

付建华：在国际化的拓展过程中，包括对于开展国际化业务的公司，"上云"已在整个社会上逐步形成共识，如果能够更好地接受云，拥抱云，可能能够快速地帮助我们在国际化过程中开展管理工作。对于浪潮集团而言，比较关注在接下来推进中国企业以及"一带一路"企业"上云"过程中，对于合作的下一步计划是怎样的？

Lee Eric Kong：从国际化角度而言，我们会和一些客户一起到海外，已有这样的经验，共同做基础设施建造，可能不是公有云，而是私有云或者混合云的基础构架，这些都已经有成功的案例，而且是每天都在这样运营。面向未来，有很多合资企业，他们的系统在不同的国家运营。我们和他们一起学习成长，如把系统创建得更好的方法，如何在不同的国家采用合适的系统，适应这些国家的法律标准和税务。

Brendan Sheehan：You can always talk about technology，but the blockchain is a game changer like the speaker just mentioned. It is a useful tool in the accounting system to be used to change the game rules. From a practical point of view，I feel that we must continuously improve the process，and continue to evolve. As a tool，the tools that change the communication methods are the most important，which can help companies do their own business better，and can follow more consistent rules and standards. From the perspective of the cloud，we must advance gradually，until it has a great influence. In the short term，the data will play a very important role in helping us better communicate in different geographical areas. Now that it has advanced at a primary level，and there will be further advancement in the next three to four years，bringing more earth-shaking changes. Applying the AI experience to the company，for example，telling the robot to book a room，then this room can be booked. When you are sitting in a conference room，you can see that the robot has recorded all the meeting content. You can dictate something should be done next week，the robot can also memorize that and send an email to your mailbox to remind you. Artificial intelligence is a very efficient tool. It is not truly intelligent，but it is a machine that follows the process. Some of these practices will become more common in future workplaces and can greatly increase productivity.

Brendan Sheehan：你可以随时谈技术，如区块链是变革，在会计系统里可以很好地作为一个工具被我们利用，而且可以改变整个规则。从实践的角度来说，要不断地优化流程，不断地演进。作为一种工具，改变沟通方式的工具是最重要的，这些工具可以帮助企业把自己业务做得更好，而且可以遵循更一致的规则和标准。从云的角度来说，必须逐步推进，直到它产生很大的影响力。从短期来说，数据将为我们更好地在不同地理区域内进行沟通方面发挥非常重要的作用。现在达到初级水平，在未来3～4年里会有进一步的推进，到时可能会有更加翻天覆地的变化。例如，告诉机器人预订房间，然后这个房间就可以订好了。当您坐在一个会议室的时候，可以看到机器人把所有会议内容记录了下来。您还可以说下周要做某件事，它也可以记录下来并发到您邮箱里给您提示。人工智能是非常有效的工具，它不是真正的智能，但它是一个遵循流程运作的机器，这样的一些现象在未来的工作场所会更加常见，并可以大大提升生产率。

问题 4：在会计人才培养方面，中国政府和"一带一路"沿线各个政

府如何开展合作，引导跨国人才培养？中国高校和国际院校、培训机构该如何开展跨国合作，加强人才的培养？

田高良：第一，国际化会计人才培养必须要修订现在的在校培养计划，现在许多培养计划已经落后了。我个人在参加各种国际、国内会议时，受到很大冲击，如果多数课程按原来计划做，就会远远落后于实务，所以要修订各种计划，要采取各种新的教学方法，比如MOOC，还有翻转课堂、混合教学等。我个人开设了ACCA的F9课程，采用MOOC方式，去年第一学期有7 000余人选课，第二学期有上万人学习。会计教育如果不与时俱进，将来学生不选你的课，可能选别的。修订教学计划，要与时俱进，采取新的教学方法。

第二，学生一定要跨界，现在已经到了大智移云时代，西安交通大学要求学生至少在本校辅修一个专业，比如会计专业学生，辅修金融或者法律，只有这样才有跨界能力，学生视野要开阔，站在月球看地球，不能只看会计和财务。

第三，财务会计是应用型专业，必须产教融合（主要是指职业院校），产学研结合（主要是研究型大学）。当前不少研究型大学，做了实证研究，发高水平论文，严重脱离实务。为此，给做研究的同学一点建议，论文的结论符不符合实际情况，应该深入上市公司，深入企业一线调研。

第四，主题是"一带一路"背景下的数字连接，沟通有无，国际交流非常重要，学校里国际交流怎么做，西安交通大学本科至少50％的学生在大学期间有国际交流的经验或者经历，ACCA班级的同学达到70％，大四期间出去交流一学期，有些同学利用寒暑假交流一个月。研究生要求百分之百有国际交流能力，虽然地处西部，西安交通大学国际交流还是可圈可点，做了一些事情的。作为政府来讲，特别是应该给西部提供足够的资源，让西部的学生走出去。如若西部国际交流跟不上，将来可能出现人才塌陷，顶尖级人才缺失。会计领军人才，西部比例在全国排在最后一位，大多数领军人才集中在东部地区、发达地区。

西部院校要追赶超越，通过上面四个方面，真正为国家"一带一路"倡议的实施做出我们应有的贡献。

付建华：据近期发布的一些"一带一路"研究报告，国际化人才的缺失也是严重影响未来"一带一路"倡议落地的重要因素，在国际化财务会计人才领域上市场空间非常广阔，包括近期很多央企在寻找院校和第三方机构，帮助他们培养跨国财务信息化人才，希望开设这种培训班，这是一个市场。国际化企业的标志是，将来本土化员工占比超过50%，"一带一路"沿线国家人员来接受中国的教育，包括素质教育和文化科技教育，也是重要的市场。这些市场将来都可以由各方合作，共同完成相应的具有复合能力的会计人才的培养。

Question 5：What are the good financial management models and experiences in the process of internationalisation?

问题 5：国际化过程中有什么好的财务管理模式和经验？

Marta Rejman：The model of financial management with use of shared services centers is getting more and more popular. It is perceived as very successful among a large number of companies. There are three main types of this model that include the captive Shared Service Center that is providing financial management for an own corporation and its subsidiaries. This type allows full transparency and trust as the Center with its employees are a part of the same organisation. It allows for more flexibility in relation to provided services but may carry less efficiency due to limited push for technology driven cost effective solutions. The use of BPOs—external service providers—assumes limited trust as the center is outside of company structures and usually provides similar services to other market players，however driven by the market price competition is more likely to offer advanced technology solutions that allow for cost

efficiency. Flexibility may be limited due to technology solutions based on standardised processes and service offer.

There is also a possibility to use the mix of those two solutions leaving more advanced and business-related services within the internal organisation and outsourcing the low value add，non-strategic processes. Chinese investors planning a foreign expansion may initially use BPOs to rely on their expertise of a foreign market. Having already set up SSC organisation in China they may decide to outsource only part of the processes where the knowledge of local specifics is required. Observing technological development of China，I am convinced that within a short period of time the country would be able to provide technology solutions flexible enough to provide practical and efficient solutions covering specific market requirements.

Marta Rejman：使用共享服务中心的财务管理模式越来越受欢迎，它在众多公司中被认为是非常成功的。该模型有三种主要类型，其中包括为自有公司及其子公司提供财务管理的专属共享服务中心。这种类型的共享中心允许完全透明和信任，因为中心及其员工是同一组织的一部分；它在提供的服务方面具有更大的灵活性，但由于技术驱动的低成本解决方案的推动力有限，可能会降低效率。公司可能会对 BPO（Business Process outsourcing，商务流程外包）缺乏信任，因为其共享中心不在公司架构中，并且通常也会向其他市场参与者提供类似的服务，但是，受市场价格竞争的驱动更有可能提供能够实现低成本的先进技术解决方案，另外由于基于标准化流程和服务提供的技术解决方案，灵活性可能会受到限制。

还可以使用这两种解决方案的组合，在内部组织中留下更先进的业务相关服务，将低附加值的非战略流程外包。规划海外扩张的中国投资者最初可能会使用 BPO，依赖他们在国外市场的专业知识。但在中国建立了 SSC（Shared Service Center，共享服务中心）组织后，他们可能决定仅将需要了解当地细节的部分流程外包出去。在观察中国的技术发展后，个人相信在短时间内，国家将能够提供足够灵活的技术解决方案，提供涵盖特定市场要求的、切实有效的解决方案。

Brendan Sheehan：Specifically，we will find various models of shared services，such as the cooperation between GVE，a dairy product，and its partners，who set up a joint venture. It is found that many companies are combined，which is a clear trend for many organizations in China，who establish a joint venture structure or company，including cooperation with their counterparts in other countries. Some of the shared services can be purchased separately and then a new company can be established. Some Australian companies are adopting this method，as they outsource part of the services to Indian companies. Chinese companies are watching. With the rapid development of technology，talent management must be considered. Talent management will be the main driving force，so systematically determine whether it is effective. As mentioned before，considering how to train people to solve problems，train talents to let them understand what their internal and external clients have and what their pain points are. They have an unbiased concept to help them solve these problems，which is not a one-time solution but focuses on future development. I hope quality control，listening to customers' voices，productivity improvement，and management can be provided to personnel，and it can happen within the enterprise.

Second，create business technology for global exposure，and let it penetrate the international community. Today，there are some CFOs in big vehicle companies having a meeting in Beijing，who want to appoint the people with the best financial performance to other parts of the world to do business and give them opportunities and exposure，so that they can

practice in different cultures and languages, and understand these issues from the perspective of the clients.

Third, as Professor Tian mentioned, we must have a forward-looking vision. It is precisely because of this that ACCA is very enthusiastic. We have a lofty vision. We are not only doing our business, we are also integrating sustainable development and diversity and promoting business conduct. From this perspective, you find that western companies have long been working towards this direction. They have a higher vision, instead of just making money. We want to incorporate such a culture into your business, which will have a long-lasting impact.

Brendan Sheehan：具体而言，我们将找到各种模式的共享服务，第一，像 GVE（Greenvalley Equipment），一家乳制品及其合作伙伴之间的合作，他们建立一个合资公司。结果发现，许多公司合并，这是中国许多组织的明显趋势，他们会建立合资的架构或公司，包括和其他国家的合作伙伴进行合作，可以买共享服务当中一部分并单独剥出来再建立一个公司。一些澳大利亚公司正在采用这种方法，他们将一部分服务外包给印度公司，中国正在关注此举。技术发展日新月异，必须考虑人才管理。人才管理将是主要推动力，因此要系统性确定它是否有效。如前所述，考虑到怎么样能够培训人们解决问题，培训人才让他们了解到他们内部客户和外部客户有什么，以及他们的痛点需求是什么。他们有一个公正的观念帮助他们解决这些问题，这不是一次性的解决方案，而是关注未来发展的方案。希望企业能够为员工提供质量控制、客户倾听、生产力提高和管理方面的培训，并且这些都可以在企业内部进行。

第二，面向全球视野打造业务技术，让它渗透到国际社会。今天，大型汽车公司的一些首席财务官在北京召开会议，他们在想把财务表现最好的人派到全球从事业务，以此给他们机会和视野，让他们在不同文化和语言（背景）当中实践，站在客户的角度理解这些问题。

第三，必须有前瞻性的愿景。正因如此，ACCA 才对此非常热情。我们有一个远大的愿景，不仅仅开展业务，还整合了可持续性发展、多元化和促进商业行为。就这个角度而言，你会发现西方的公司长期以来一直朝着这个方向努力，他们有更高的愿景，而不仅仅是赚钱。希望把这样的文化带入到读者的企业当中，这将产生持久的影响。

付建华：确实，在共享服务实践过程中以互相投资的方式实现，这在中国刚刚开始萌芽，很多第三方服务公司和跨国公司联合共同投资，既可服务于集团本身，将来也可服务于"一带一路"沿线的其他机构。

数字联通 "一带一路" 研究报告

前　言

上海国家会计学院　李扣庆

"一带一路"建设正在为沿线国家带来巨大的福祉，与此同时，也需要相关各方的共同推动。2017 年 7 月，上海国家会计学院联合中国会计学会、特许公认会计师公会（ACCA）、德勤中国等在对"一带一路"沿线部分国家会计基础设施状况进行调查研究的基础上，共同主办了"会计基础设施助推'一带一路'"主题论坛，取得了圆满成功。有感于会计基础设施在推进"一带一路"沿线货物贸易和资本流动中的重要性，我们决定联合筹建"一带一路"会计研究中心，并对与"一带一路"合作有关的会计基础设施问题进行系列研究。2018 年的研究主题是"数字联通'一带一路'"。我们认为，一方面，会计基础设施建设要能够适应"一带一路"发展的需要，就必须保证各国间的会计数据是相通的，即要避免由于会计制度或准则的巨大差异导致的会计数据难以对接；另一方面，信息技术正在快速改变我们所生存的世界，为"一带一路"合作提供了新的机遇。新技术背景要求人们加强数字化潮流与会计基础设施的结合，以数字化手段加快、夯实、助推"一带一路"合作的会计基础设施。这是"数字丝路建设"的重要组成部分，也是加快推进丝路合作的要求。显然，无论是推进沿线国家间会计数字的对接，还是加强会计领域的"数字丝路建设"，都有许多需要进一步研究的问题。呈现在大家面前的这份研究报告就是由上海国家会计学院、ACCA 和用友网络科技股份有限公司共同组成的课题组围绕着企业在"一带一路"沿线发展过程中财务信息化建设等相关问题研究的初步成果。我们衷心感谢对问卷调查给予大力支持的所有企业和财务高管，也感谢所有大力支持这项研究的合作伙伴。"一带一路"会计研究中心成立在即，这是会计界对"一带一路"重大倡议的热切回应，我们对中心未来陆续开展的研究也充满期待。

ACCA 白容

对于每个企业来说，数据都是新的终极"超级力量"。然而，数据只有在能够被分享和理解的情况下才能发挥它的力量。

在 ACCA 和上海国家会计学院的第二份聚焦"一带一路"的联合研究报告中，我们正在探索推动"一带一路"蓬勃发展所需的数字基础设施以及它的联通能力。这份报告也得到了用友网络的大力支持。

"一带一路"的重要目标之一是促进沿线 65 个国家以及其他国家之间的国际经济合作。这依赖于信息和数据是否能够跨越企业、跨越国境及时而有效地共享。而这就要求各个国家的数字技术具备同样的发展水平，尤其是在会计基础设施的数字化领域。

除了会计信息系统的数字化和监督的发展之外，我们还需要具备数字理解能力并且勇于拥抱数字化变革的专业会计师。2016 年，ACCA 发布了具有突破性的全球研究报告《专业会计师：成就未来》，我们提出了所有合格的专业会计师需要具备的七项关键能力。他们不仅是知识、技能和价

值观的整合，也是行为、习惯和个人素质的整合。数字能力是这七项关键能力之一，它是指对现有和新兴数字技术的认识和应用，它包含了应用数字技术的能力、实践经验以及对技术的战略规划。ACCA 致力于确保 ACCA 会员和未来的会员能够驾驭数字时代下的会计行业职业机会。因此，我们希望 ACCA 和 ACCA 会员能够在"数字丝绸之路"的发展方面发挥重要作用，从而推动"一带一路"实现其最大的经济潜力。

用友网络科技股份有限公司　王文京

在"一带一路"建设的政策沟通、设施联通、贸易畅通、资金融通和民心相通五大领域中，基础设施联通是优先发展的领域，会计系统互联互通是基础设施联通的关键环节，也是实现贸易畅通、资金融通重要的基础要素。由上海国家会计学院、ACCA 和用友网络科技股份有限公司共同参与完成的"数字联通'一带一路'"的调查研究，为探讨数字联通"一带一路"的路径和方法，推动会计互联互通落地提供了重要的参考。

回应"一带一路"企业的关切，我有以下几点看法同大家交流。

首先，加快将数字化融入"一带一路"建设，为互联互通铺平道路。"一带一路"区域经济合作、企业商贸往来迫切需要会计商务语言互联互通，在当今的互联网时代，数字化是实现商务及会计互联互通的基础条件和推动力量。

其次，会计及财务管理的国际化应用，必须依托数字化商业应用基础设施及其云服务。"一带一路"中国企业"走出去"（调研对象中90％为中资企业），在多地域的多样经济环境下会计核算和财务管理的难度加大。第一，要解决会计工作的全球化问题，比如，多国合规性会计核算，符合多准则的会计报告，多国合规纳税问题，以及相关的多语言、多币种问题等。这就需要会计平台能够支持多准则、多语言、多币种、多要求下的会计核算及财务报告。第二，对于开展国际化业务的大型企业，可以选择财务集中共享的模式为"一带一路"沿线的机构开展专业的会计核算、纳税、资金收付及报税服务。建设海外财务共享中心，采用基于云模式的共享服务平台是最好的选择。

最后，在企业内部控制体系建设上也会遇到巨大的挑战。挑战之一是资金的风险管控和流动性管理问题。在国际化的环境下，资金业务领域也拓展到投融资活动、外汇业务、衍生品、风险对冲和套期保值、全球金融资源共享以及金融机构关系管理等。企业的融资渠道全球化，金融资产多样化，利率和汇率的波动也会加剧。这就需要一个国际化的全球司库系统，通过司库平台管理所有资金业务，统一归集、统一支付、统一投融资、统一风险管理、统一调配资金和金融资源，提高资金运用效率，提升风险管理水平。挑战之二是税务环境的变化，需要按属地国的纳税报税要求进行核算与管理。这涉及相关的税务服务系统需要能够支持当地税务数据标准要求，实现业务对接或系统对接，可以通过税务云服务系统解决这些税务管理问题。

用友网络科技股份有限公司作为全球领先的企业服务提供商，致力为企业提供云服务、软件和企业金融等多方面的综合服务。伴随"一带一路"倡议落地，大批中资企业和外资企业在"一带一路"沿线拓展业务，用友公司也希望能够在"企业数字化转型"及"实现会计互联互通"方面提供更好的支持和服务。在"一带一路"建设中，愿与各界共同合作，支持中国企业"走出去"的同时，服务于全球企业。

研究概述与重要发现

数字经济正在成为全球经济增长的重要驱动力。在"一带一路"倡议的推动下，全面提升信息技术基础设施，将数字经济视作新的经济增长点，正成为越来越多"一带一路"沿线国家的选择。2017年5月，习近平主席在"一带一路"国际合作高峰论坛上提出，要加强在数字经济、人工智能、纳米技术、量子计算机等前沿领域合作，推动大数据、云计算、智慧城市建设，连接成21世纪的"数字丝绸之路"。2018年4月，习近平主

席进一步强调，要以"一带一路"建设等为契机，加强"一带一路"沿线国家在网络基础设施、数字经济、网络安全等方面的合作，建设21世纪"数字丝绸之路"。加强会计基础设施建设，包括会计准则和制度体系建设、会计人才队伍建设和会计监管体系建设，使"一带一路"沿线国家的会计信息实现互联互通，降低贸易和资本流动过程中的交易成本，为"一带一路"合作提供重要的支撑。而在会计及其相关领域快速推进的数字化，是"数字丝路建设"的重要组成部分，无疑可以大大增强"一带一路"沿线国家企业内部、企业与利益相关者之间会计信息的互联互通，夯实会计基础设施，促进"一带一路"合作。

本研究由上海国家会计学院"'一带一路'会计研究中心"发起与完成，上海国家会计学院、ACCA、用友网络科技股份有限公司共同参与，旨在从财务信息化、财务人员数字化能力和税制改革应对三个方面探讨"数字联通'一带一路'"的路径和方法，促进"一带一路"数字联通的广度、深度和质量。调研问卷由课题研究团队联合设计，包括财务信息化、财务人员数字化能力和税制改革三大部分，通过上海国家会计学院"中国会计信息调查中心"制作为网页版调研问卷（http：//diaocha. esnai. com/6030001. aspx），面向上海国家会计学院的全国会计领军学员和EMPAcc学员、ACCA中国区会员和合作伙伴、用友网络科技股份有限公司客户企业有针对性地发放和跟进，起于2018年4月4日，止于2018年4月28日，共计收回有效问卷257份。经过对调研数据的统计分析和受访人员回访，有如下主要发现。

1. 关于受访企业在"一带一路"沿线国家开展业务的主要发现

"一带一路"沿线国家之间的经济合作空间广阔，超过60%的企业已在"一带一路"沿线国家开展业务，另有20%的企业准备在"一带一路"沿线国家开展业务。超过70%的企业设有10家以内的分支机构，尚处于业务开展的初期探索阶段。东南亚地区仍是受访企业在"一带一路"沿线国家和地区开展业务的重点区域，超过75%的企业在该地区设有分支机构。"基础设施建设"仍为受访企业在"一带一路"沿线国家的重点投资领域，占比 37.18％，随后是投资建厂、拓展海外市场、工业制造、金融服务和海外并购，分别占比 15％～20％。"在海外当地开设分支机构"是企业在"一带一路"沿线国家投资的主要方式，占比近 70％，其次是"在海外当地接手项目"和"收购海外当地企业"，占比均超过 30％。

2. 关于财务信息化建设与应用的主要发现

对于"受访企业财务信息化建设与应用现状"方面，"走出去"企业最为关心的是财务会计类模块的正常运转（含财务核算和财务报表等模块，平均占比 82.5％），其次是财务内控和风险管理类模块（如资金管理、差旅费用管理和预算管理，平均占比 49％），再者是决策支持类模块（如成本管理和内部报表管理，平均占比 40％），之后才是提高财务运转效率类模块（如财务共享平台、投资管理、电子会计档案管理、绩效管理和电子发票管理等）。企业财务信息化建设与应用投入规模占比呈抛物线形状，百万美元级以上的财务信息化投资占比最高（78％），其次是千万美元级（占比 25％）、亿美元级（占比 11％）和十万美元级（占比 10％）。"在本企业原有财务信息系统基础上进行一定二次开发"，是企业开展"一带一路"业务时进行财务信息化建设的主要方式（占比近 55％），有 40％的企业"直接沿用本企业原有财务信息系统"，约 60％的企业使用海外当地的财务信息系统。

对于"受访企业财务信息化建设与应用的价值与挑战"方面，"支持常规业务开展"是企业进行财务信息化建设和应用的核心价值所在（占比约 22％），其次是提高处理效率、提升标准化程度、提高信息质量、节约运行成本和降低经营风险（分别占比约 10％）。企业财务信息化建设与应用中面临的最大障碍是"企业当前使用的财务信息系统不支持国际化业务""海外当地电力、网络、通信等基础设施不完备"和"财务信息系统软件商海外当地支持力量缺乏"，占比分别为 56％、52％和 48％。

对于"受访企业财务信息化建设与应用的迫切需求"方面，"支持海

外当地财务合规""支持多准则"和"支持多语言"是企业财务信息系统建设与应用中最为迫切的功能需求，占比分别为 79％、72％和 65％。"海外当地所用网速等基础设施水平""财务信息系统本身的性能""财务信息系统用户的操作能力"和"所用数据库的性能"是影响企业财务信息系统性能的主要因素，占比分别为 80％、57％、50％和 49％。

对于"受访企业财务信息化建设与应用的未来发展"方面，大数据和云计算是企业最为关注的新技术（占比均超过 70％），其次是移动互联网、数据安全技术和人工智能（占比 40％～48％）。企业认为首先应实现财务系统内部的互联互通（占比 55％），包括财务会计信息系统内部的互联互通、管理会计信息系统内部的互联互通、财务管理信息系统内部的互联互通，以及三类系统之间的互联互通；其次是业务财务系统互联和数据共享，占比超过 20％；最后是企业内部管理与业财系统互联，以及企业与外部利益相关方互联，分别占比约 10％。

3. 关于财务信息化人才培养的主要发现

受访企业财务人员对技术领域的了解程度一般。对相对普及的办公自动化软件（如 word、excel）、社交媒体（如微信、微博）和会计信息系统的了解程度较好，达到非常了解的程度。对新兴科技的了解程度较低，按了解熟悉程度排序依次是大数据（及数据分析技术）、云计算、机器人流程自动化（RPA）、物联网、人工智能、基于区块链技术的分布式记账和基于区块链技术的电子货币。其中，基于区块链技术的上述两项科技，企业财务人员表示了解非常少，有超过 35％的受访人员表示他们完全不了解区块链技术。已开展"一带一路"业务的企业的财务人员对新兴科技的了解程度明显高于未开展"一带一路"业务的企业。

受访企业培养财会人员数字化能力的方式中，最常见的培养方式是专业资格培训、组织内部培训、参与外部培训与论坛。总的来说，各类型企业在培养方式上未见明显差异。面对越来越复杂的技术应用环境和应用要求，我们发现受访人员对于自身掌握数字化知识和技能的能力水平提出了更高的要求。受访人员希望可以通过更加系统化、全方位的专业培训来完成数字技能的升级。

4. 关于美国特朗普税制改革和 BEPS 行动计划影响的主要发现

研究发现，为应对特朗普税制改革，44.23％的受访企业表示，投资所在国家有相应的税制改革，改革涉及企业所得税、个人所得税、流转税和国际税收，由此导致企业税负上升和不变的均为 31.08％，税负下降的为 37.83％；企业增加投资的占比 53.66％，保持不变的 39.02％，仅有 7.31％的企业考虑减少投资。为应对 BEPS 行动计划，66.67％的受访企业表示投资所在国有政策调整，其中涉及受控外国公司制度的达 36.54％，转让定价、防止滥用税收协定和混合错配的占比也在 30％左右，由此导致企业税负上升的占比 34.15％，税负下降的占比 28.05％，税负不变的占比 37.80％；企业增加投资的占比 41.37％，投资不变的 48.28％，仅有占比 10.34％的企业要减少投资。面对美国特朗普税制改革和 BEPS 行动计划的推进，以及由此对企业对外投资决策和税负的影响，为提高企业对外投资积极性和信心，企业希望投资所在国能够降低税率，给予税收优惠，增强税收透明度、稳定性和法治化程度，简化税收征管程序，提高执法规范度；同时希望我国进一步完善出口退税和补贴制度，加强国际税收协调，通过税收协定为"走出去"企业消除重复课税。

研究团队

本研究由上海国家会计学院"'一带一路'会计研究中心"发起与完成，参与研究的人员列表如下：

上海国家会计学院　李扣庆院长　教授　博士生导师
　　　　　　　　　　博士后合作导师
上海国家会计学院　教研部　葛玉御博士　硕士生导师
上海国家会计学院/XBRL 中国地区组织体验中心　刘梅玲博士
　　　　　　　　　　硕士生导师

上海国家会计学院/XBRL 中国地区组织体验中心　吴忠生博士
　　　　　　　　　　　　　　　　　　　　　　　硕士生导师

上海国家会计学院/XBRL 中国地区组织体验中心　黄长胤博士
　　　　　　　　　　　　　　　　　　　　　　　硕士生导师

上海国家会计学院　教研部　李昕凝博士　硕士生导师

上海国家会计学院　项目合作部　田蓓　副主任

上海国家会计学院　项目合作部　李艳　高级主管

上海国家会计学院　教务部　郭峰　高级主管

ACCA（特许公认会计师公会）中国区政策主管　钱毓益

ACCA（特许公认会计师公会）中国区政策经理　王铭杰

用友网络科技股份有限公司　副总裁　付建华

用友网络科技股份有限公司　产品总监　任晓慧

用友网络科技股份有限公司　高级财务专家　周钢战

用友网络科技股份有限公司　财务专家　曾明

用友网络科技股份有限公司　市场经理　李春影

一、受访企业在"一带一路"开展业务情况

（一）受访人员基本情况

1. 受访人员管理层级

本次调研的受访人员中，管理中高层占比超过 70％，管理层级较高。其中，管理中层居多，占比 45.14％，主要包括财务经理、投资运营经理、财务信息化经理、审计部长和项目经理等；管理高层次之，占比 26.07％，主要包括股东、总裁、合伙人、执行董事、专职监事、总经理、财务总监和总会计师等；业务基层占比（22.96％）和管理高层相仿，主要包括财务岗位、会计岗位、审计岗位、信息化岗位和投资岗位等；技术专家也占一定比重（5.84％），主要包括实施顾问、咨询专家和法律顾问等。

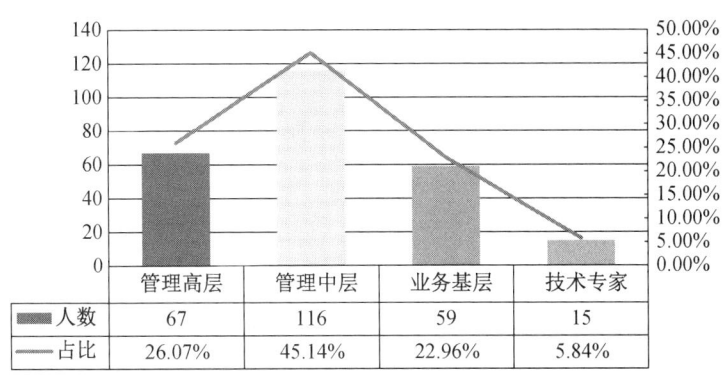

	管理高层	管理中层	业务基层	技术专家
人数	67	116	59	15
占比	26.07%	45.14%	22.96%	5.84%

图 1　受访人员管理层级

2. 受访人员对财务信息化工作的熟悉程度

本次调研的受访人员中，熟悉财务信息化工作的比例高达85％以上。可见，受访人员对于问卷调研中财务信息化部分的调研题目熟悉程度高，其选项和观点可靠性强。

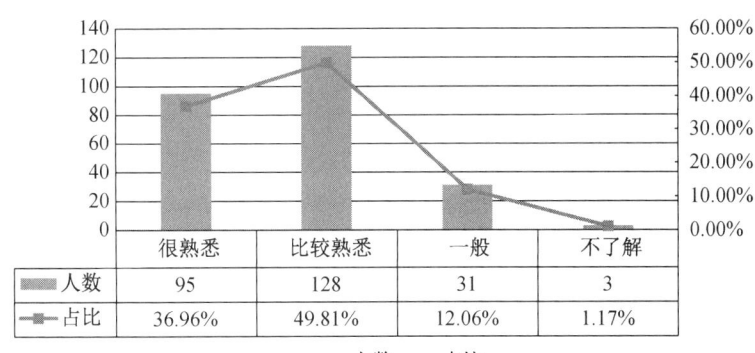

	很熟悉	比较熟悉	一般	不了解
人数	95	128	31	3
占比	36.96%	49.81%	12.06%	1.17%

图 2　受访人员对财务信息化工作的熟悉程度

（二）受访企业基本情况

受访企业是指受访人员所在企业。

1. 受访企业所属国家

受访企业中，内资企业占比90％，涵盖中国内地和中国香港企业；外资企业占比10％，主要来自美国、欧洲（德国、法国、英国、芬兰）、东南亚（新加坡、印度尼西亚）、南亚（印度、斯里兰卡）、中亚（哈萨克斯坦、乌兹别克斯坦、土库曼斯坦）、非洲（刚果）和俄罗斯等国家和地区。

2. 受访企业所属行业

受访企业主要来自 14 个行业，位居前 5 位的是金融服务、工业制造、工程及施工、能源（包括石油与天然气）和科学技术，分别占比 25.29%、18.29%、13.62%、10.89% 和 7.39%。其他行业占比也较高（16.34%），主要涉及通信行业、软件行业、咨询服务行业、投资运营行业、新闻媒体行业等。

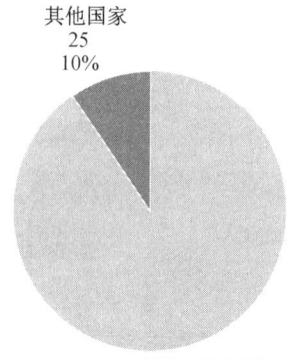

图 3　受访企业所属国家

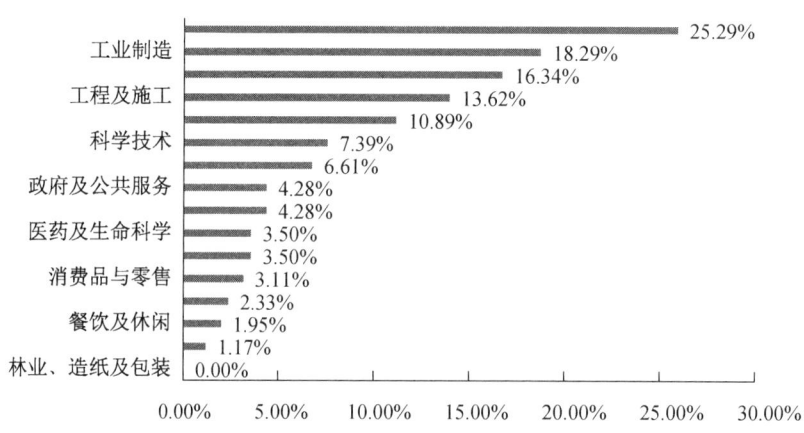

图 4　受访企业所属行业

3. 受访企业规模分布

1）年收入规模

受访企业的年度营收规模，呈现两头高中间低的"V"形。1 亿美元或以下的企业居多，占比 30.35%。

2）受访企业人员规模

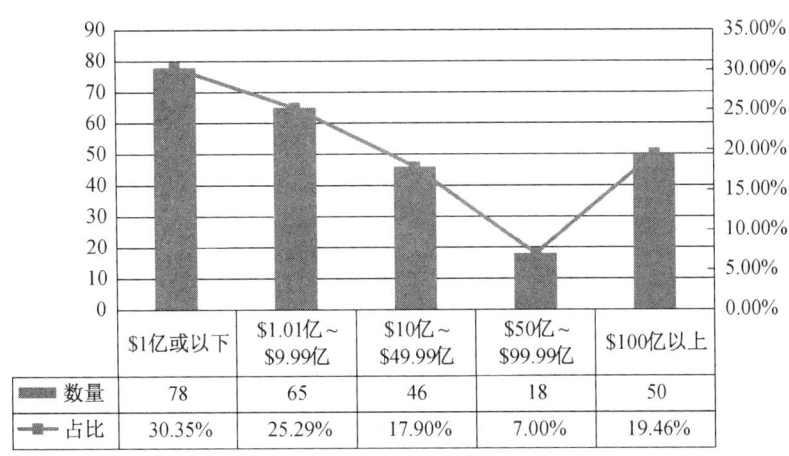

图5　受访企业年收入规模

受访企业的人员规模,亦呈现两头高中间低的"V"形。5 000人以上的企业和500人以下的企业分别位居第一和第二。

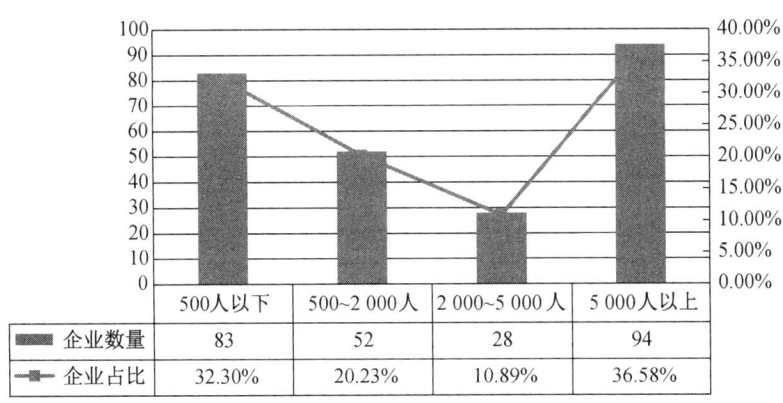

图6　受访企业人员规模

(三)受访企业在"一带一路"沿线开展业务情况

1. 受访企业在"一带一路"沿线国家的业务开展状态

受访企业中,超过60%的企业已在"一带一路"沿线国家开展业务,另有20%的企业已准备在"一带一路"沿线国家开展业务。可见,"一带一路"沿线国家之间的经济合作空间广阔，企业在"一带一路"沿线国家开展业务的意向明朗。

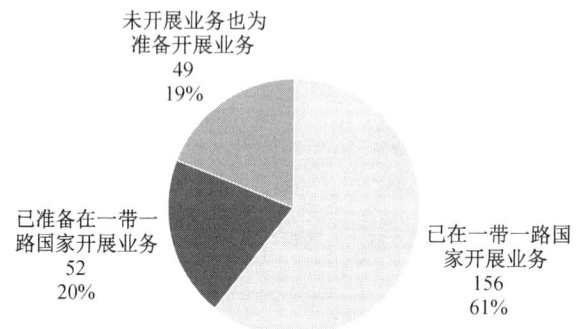

图 7　受访企业在"一带一路"沿线国家开展业务状态

2. 已开展业务企业在"一带一路"沿线国家的机构数量

已在"一带一路"沿线国家开展业务的企业中，超过 70% 的企业设有10 家以内的分支机构，约有 15% 的企业设有 11～50 家分支机构，也有少量企业设有 50 家以上的分支机构，还有 6% 的企业未设分支机构。可见，尽管在"一带一路"沿线国家开展业务的企业较多，占比较大，但多数企业尚处于业务开展的初期探索阶段。

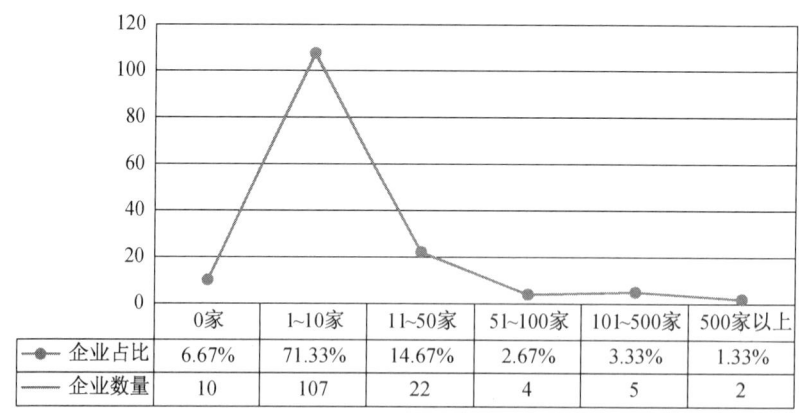

	0家	1~10家	11~50家	51~100家	101~500家	500家以上
企业占比	6.67%	71.33%	14.67%	2.67%	3.33%	1.33%
企业数量	10	107	22	4	5	2

图 8　已开展业务企业在"一带一路"沿线分支机构数量

3. 已开展业务企业在"一带一路"沿线国家的机构分布

已在"一带一路"沿线国家开展业务的企业中，超过 75％的企业在东南亚地区设有分支机构，其次是俄罗斯（37.82％）、中亚地区、南亚地区、中东地区和中东欧地区基本持平（占比 20％～30％），非洲低于 20％。可见，东南亚地区仍是受访企业在"一带一路"沿线国家和地区开展业务的重点区域。

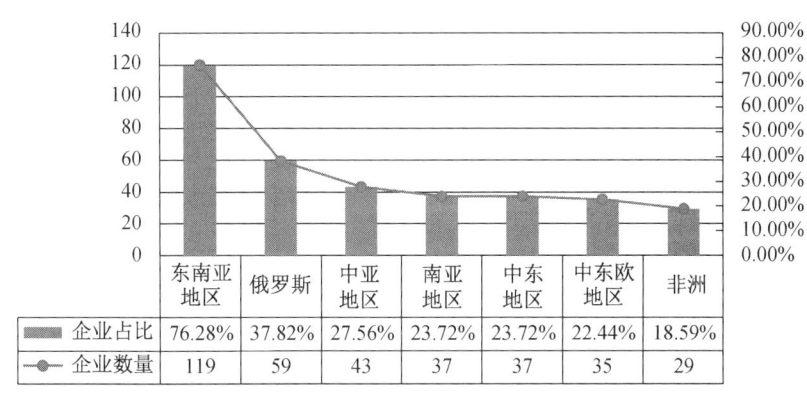

	东南亚地区	俄罗斯	中亚地区	南亚地区	中东地区	中东欧地区	非洲
企业占比	76.28%	37.82%	27.56%	23.72%	23.72%	22.44%	18.59%
企业数量	119	59	43	37	37	35	29

图 9　已开展业务企业在"一带一路"沿线国家的机构分布

4. 已开展业务企业在"一带一路"沿线国家的投资领域

对于已在"一带一路"沿线国家开展业务的 156 家企业，第一阶的投资领域是基础设施建设，占比 37.18％；第二阶的投资领域是投资建厂、拓展海外市场、工业制造、金融服务和海外并购，分别占比 15％～20％；第三阶的投资领域是专业服务、电子商务、大宗物资贸易和仓储物流，占比 10％左右。其中，专业服务涉及会计、审计、税务、法律等专业领域。其他领域包括教育、医疗、计算机技术、能源、旅游住宿、政府合作项目等，占比约 10％。可见，目前阶段，基础设施建设仍为受访企业在"一带一路"沿线国家的重点投资领域。

5. 已开展业务企业在"一带一路"沿线国家的投资方式

已在"一带一路"沿线国家开展业务的企业中，近 70％的企业通过"在海外当地开设分支机构"进行投资，约 35％的企业通过"在海外当地

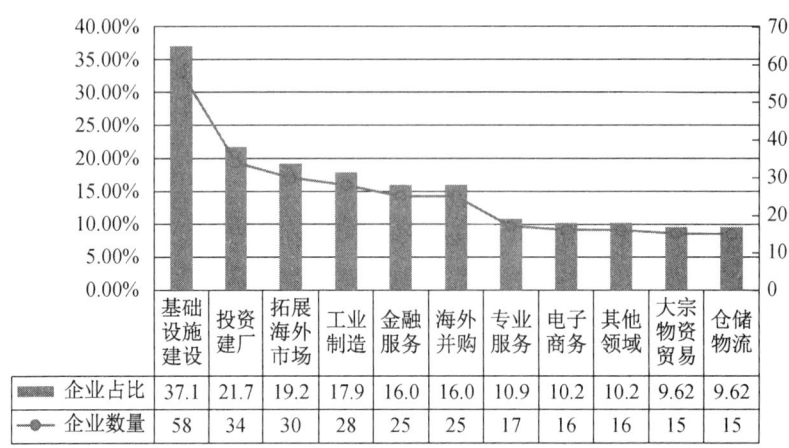

	基础设施建设	投资建厂	拓展海外市场	工业制造	金融服务	海外并购	专业服务	电子商务	其他领域	大宗物资贸易	仓储物流
企业占比	37.1	21.7	19.2	17.9	16.0	16.0	10.9	10.2	10.2	9.62	9.62
企业数量	58	34	30	28	25	25	17	16	16	15	15

图 10 已开展业务企业在"一带一路"沿线国家的投资领域

接手项目"进行投资,约 30% 的企业通过"收购海外当地企业"进行投资,约 10% 的企业通过"购买海外当地新业务"进行投资,还有 11% 的企业通过"承担海外业务""派驻工作人员""开展国际贸易"等方式,与"一带一路"沿线国家的企业和机构开展合作。可见,"在海外当地开设分支机构"是企业在"一带一路"沿线国家投资的主要方式。

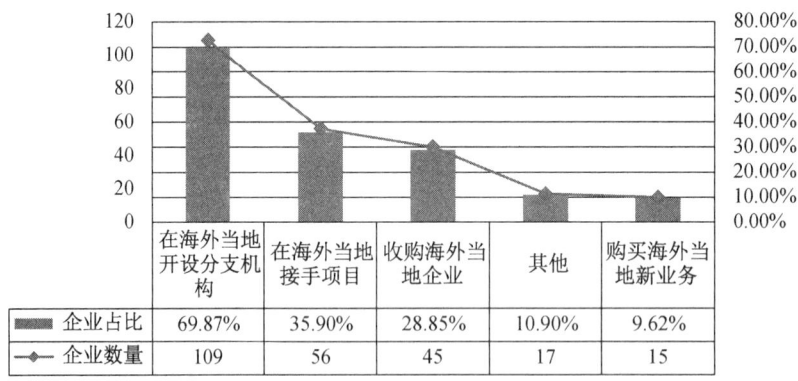

	在海外当地开设分支机构	在海外当地接手项目	收购海外当地企业	其他	购买海外当地新业务
企业占比	69.87%	35.90%	28.85%	10.90%	9.62%
企业数量	109	56	45	17	15

图 11 已开展业务企业在"一带一路"沿线国家的投资方式

二、受访企业财务信息化建设与应用情况

本部分基于 257 个有效调研样本，围绕财务信息化建设与应用，重点对受访企业在"一带一路"开展业务的情况，财务信息化建设与应用情况、财务信息化建设与应用的价值和挑战，以及对财务信息化建设与应用中的迫切需求和未来发展进行了探讨，以便"一带一路""走出去"的中资企业进行高质量的财务信息化建设与应用，促进企业内部、企业与利益相关者之间的互联互通，助力 21 世纪"数字丝绸之路"的建设。

本报告中的财务信息化，泛指在财务会计、管理会计和财务管理领域使用信息技术，具体体现为信息系统、软件平台、云服务、移动应用等财务信息化产品的使用。

（一）受访企业财务信息化建设与应用现状

1. 海外当地财务信息化模块应用

已在"一带一路"沿线国家开展业务的 156 家企业，在海外当地广泛采用财务核算和财务报表两个财务会计模块（分别占比 88％和 77％），较多采用资金管理、差旅费用管理、预算管理、成本管理和内部报表管理等管理控制模块（占比为 35％～55％），较少采用税务管理、财务共享平台、投资管理、电子会计档案管理、绩效管理和电子发票管理等提高效率的模块（占比约为 15％～35％）。可见，"走出去"企业最为关心的是财务会计类模块的正常运转（含财务核算和财务报表等模块），其次是财务内控和风险管理类模块（如资金管理、差旅费用管理和预算管理），再者是决策支持类模块（如成本管理和内部报表管理），之后才是提高财务运转效率的模块（如财务共享平台、投资管理、电子会计档案管理、绩效管理和电子发票管理等）。

与尚未在"一带一路"沿线国家开展业务的企业相比，已在"一带一路"沿线国家开展业务的企业的财务信息化模块应用水平较高，平均占比高出约 10 个百分点。

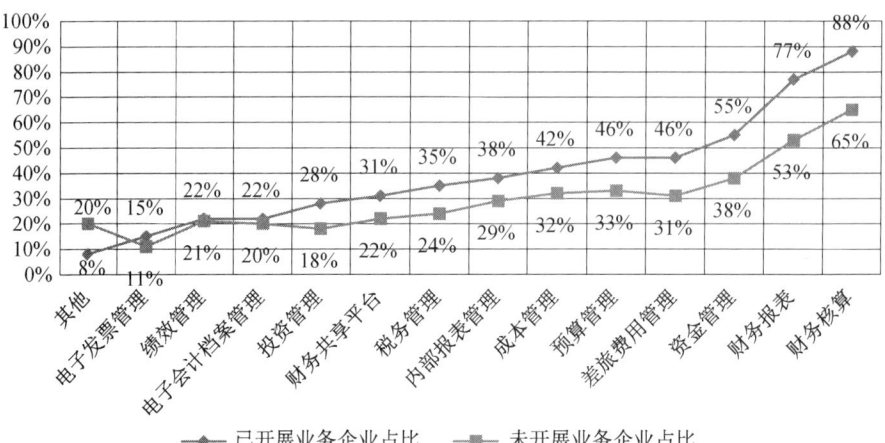

图 12 海外当地财务信息化模块应用对比

2. 企业财务信息化建设与应用投入规模

已在"一带一路"沿线国家开展业务的 156 家企业中，财务信息化建设与应用投入规模呈抛物线状，千万美元级以上的财务信息化投资高达 40%，百万美元级以上的财务信息化投资高达 78%。

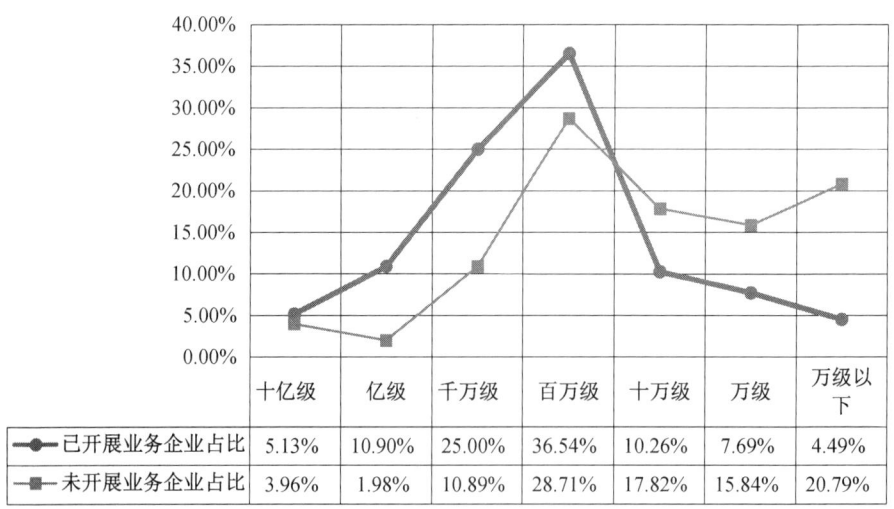

	十亿级	亿级	千万级	百万级	十万级	万级	万级以下
已开展业务企业占比	5.13%	10.90%	25.00%	36.54%	10.26%	7.69%	4.49%
未开展业务企业占比	3.96%	1.98%	10.89%	28.71%	17.82%	15.84%	20.79%

图 13 受访企业财务信息化投入规模对比

与尚未在"一带一路"沿线国家开展业务的企业相比，已在"一带一路"沿线国家开展业务的企业的财务信息化建设与应用投入规模更大，百万美元级以上的财务信息化投资占比合计高出约32个百分点。

3. 企业财务信息化建设与应用投入分布

1）企业数量占比

已在"一带一路"沿线国家开展业务的企业中，95％以上的企业有计算机等硬件和财务信息化软件方面的投入，80％以上的企业有网络服务和数据库方面的投入，70％以上的企业有系统维护、咨询服务、本企业人力和实施服务四方面的投入。

与尚未在"一带一路"沿线国家开展业务的企业相比，已在"一带一路"沿线国家开展业务的企业在财务信息化投入分项中的企业数量占比较高，平均占比高出约5个百分点。

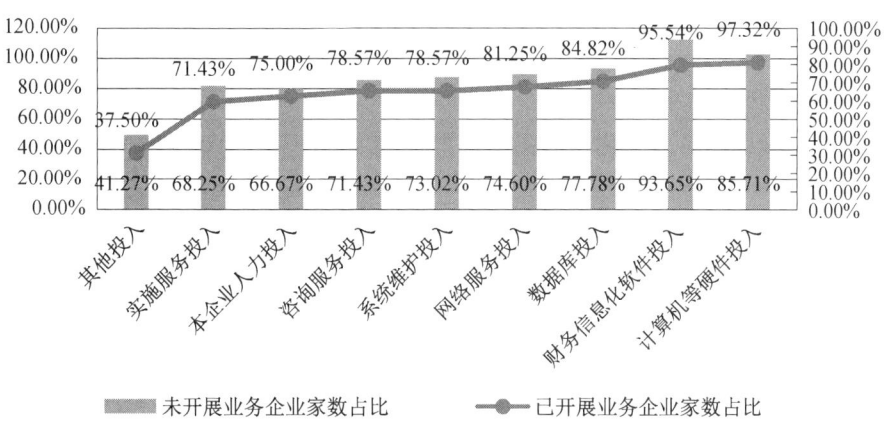

图 14　企业财务信息化投入分布-企业数量

2）投入额度占比

在财务信息化的建设和维护过程中，位居投入金额前3位的是计算机等硬件投入、财务信息化软件投入和数据库投入，占比合计超过55％；网络服务投入、系统维护投入、咨询服务投入、本企业人力投入和实施服务投入比较相近，各自占比7％～9％；除此之外，还有2.5％

的其他投入。

与尚未在"一带一路"沿线国家开展业务的企业相比，已在"一带一路"沿线国家开展业务的企业仅在计算机等硬件投入、数据库投入、咨询服务投入方面的投入占比略高，平均占比高出约 2.4 个百分点。

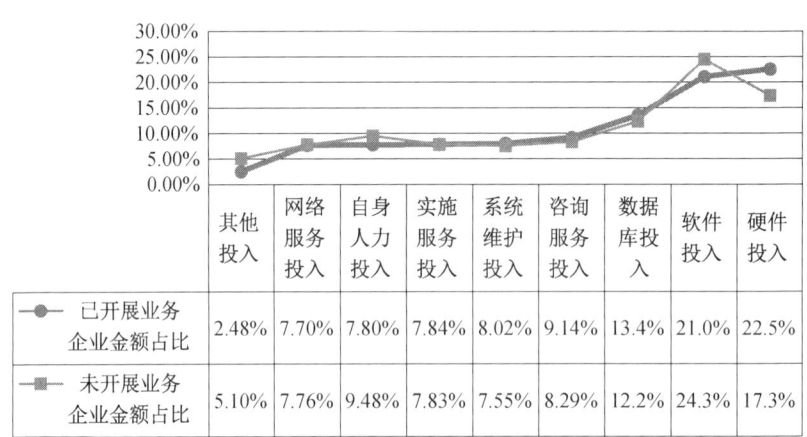

	其他投入	网络服务投入	自身人力投入	实施服务投入	系统维护投入	咨询服务投入	数据库投入	软件投入	硬件投入
●— 已开展业务企业金额占比	2.48%	7.70%	7.80%	7.84%	8.02%	9.14%	13.4%	21.0%	22.5%
■— 未开展业务企业金额占比	5.10%	7.76%	9.48%	7.83%	7.55%	8.29%	12.2%	24.3%	17.3%

图 15　企业财务信息化投入分布-投入额度

4. 企业财务信息化建设的实现方式

已在"一带一路"沿线国家开展业务的企业中，超过半数的企业通过"在本企业原有财务信息系统基础上进行一定二次开发"实现财务信息化建设与应用，约 40％的企业"直接沿用本企业原有财务信息系统"，约 66％的企业使用海外当地的财务信息系统，还有 2％的企业暂未将海外公司纳入企业的财务信息化体系。可见，"在本企业原有财务信息系统基础上进行一定二次开发"，是企业在"一带一路"沿线国家开展业务时进行财务信息化建设的主要方式。

与尚未在"一带一路"沿线国家开展业务的企业相比，已在"一带一路"沿线国家开展业务的企业在财务信息化互联互通方面，即采用统一的财务信息系统或集成的财务信息系统，具备更高水平，合计占比高出约 30 个百分点。

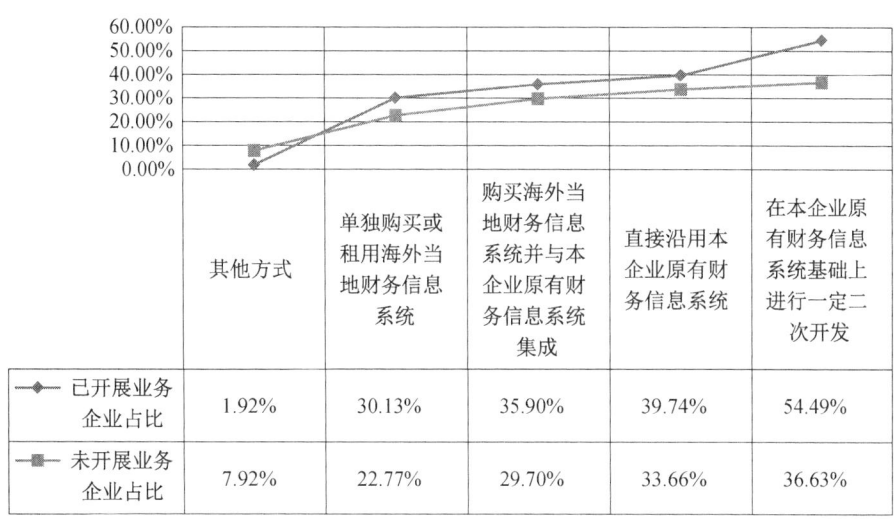

	其他方式	单独购买或租用海外当地财务信息系统	购买海外当地财务信息系统并与本企业原有财务信息系统集成	直接沿用本企业原有财务信息系统	在本企业原有财务信息系统基础上进行一定二次开发
已开展业务企业占比	1.92%	30.13%	35.90%	39.74%	54.49%
未开展业务企业占比	7.92%	22.77%	29.70%	33.66%	36.63%

图16　企业财务信息化建设实现方式对比

（二）受访企业财务信息化建设与应用的价值与挑战

1. 企业信息化为企业带来的核心价值

1）企业数量占比

已在"一带一路"沿线国家开展业务的企业中，96％以上的企业认为，"支持常规业务开展"是企业信息化建设和应用的价值所在；80％左右的企业认为，企业信息化有助于企业的信息共享、加强风险管理、提升生产效率、支持业务扩张、提高生产能力；70％左右的企业认为，企业信息化可以加强客户关系、提高市场占有能力、削减企业成本、创造新的收入来源、支持新的商业模式、有助于企业的绿色发展。

与尚未在"一带一路"沿线国家开展业务的企业相比，已在"一带一路"沿线国家开展业务的企业认为企业信息化的价值更高，平均家数占比高出3.5个百分点。

2）价值额度占比

对于已在"一带一路"沿线国家开展业务的156家企业，"支持常规业务开展"成为企业信息化建设为企业带来的最为核心的价值（占比近

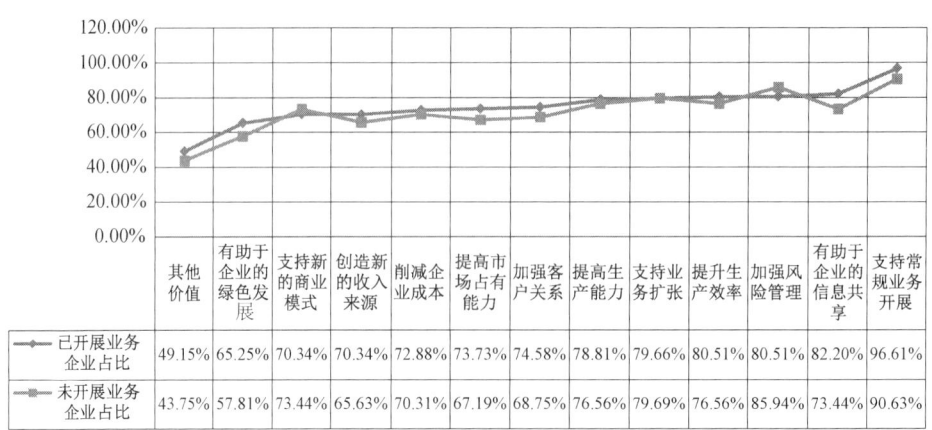

图 17 企业信息化为企业带来的核心价值-企业数量

25%），其次是"有助于企业的信息共享"（占比 10%），之后是支持业务扩张、提升生产效率、提高生产能力和加强风险管理（各自占比约 8%）。

与尚未在"一带一路"沿线国家开展业务的企业相比，已在"一带一路"沿线国家开展业务的企业认为，在支持常规业务开展、有助于企业的信息共享、提高市场占有能力三方面的价值略高，平均占比高出约 2.7 个百分点。

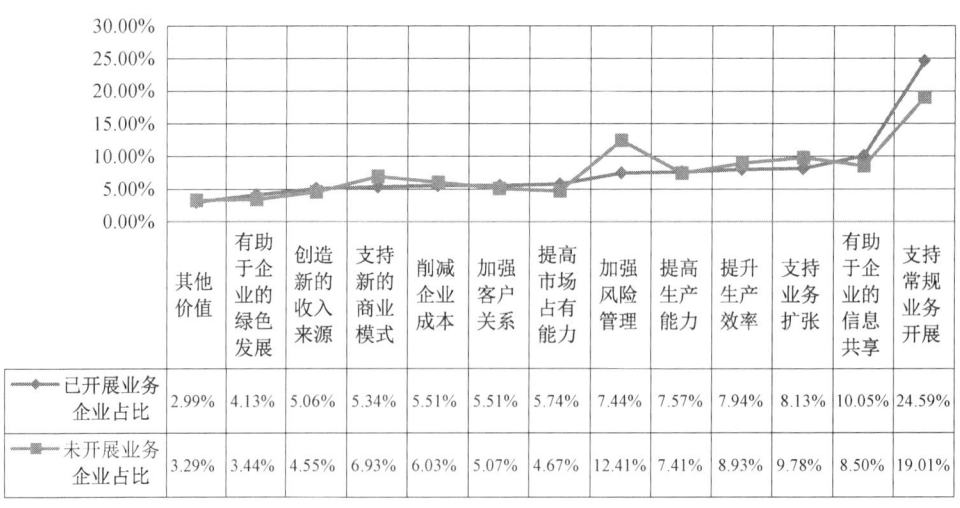

图 18 企业信息化为企业带来的核心价值-价值额度

可见,"支持常规业务开展"是企业进行信息化建设与应用中最为核心的价值。

2. 财务信息化为企业带来的核心价值

1)企业数量占比

已在"一带一路"沿线国家开展业务的企业中,96%以上的企业认为,"支持业务开展"是企业财务信息化的价值所在;80%左右的企业认为,财务信息化有助于企业提高处理效率、提升标准化程度、提高信息质量、降低经营风险和节约运行成本;70%左右的企业认为,财务信息化有助于创造新的财务价值、提升企业形象、加强与内外部客户的沟通。

与尚未在"一带一路"沿线国家开展业务的企业相比,已在"一带一路"沿线国家开展业务的企业认为企业财务信息化的价值更大,平均家数占比高出 3.5 个百分点。

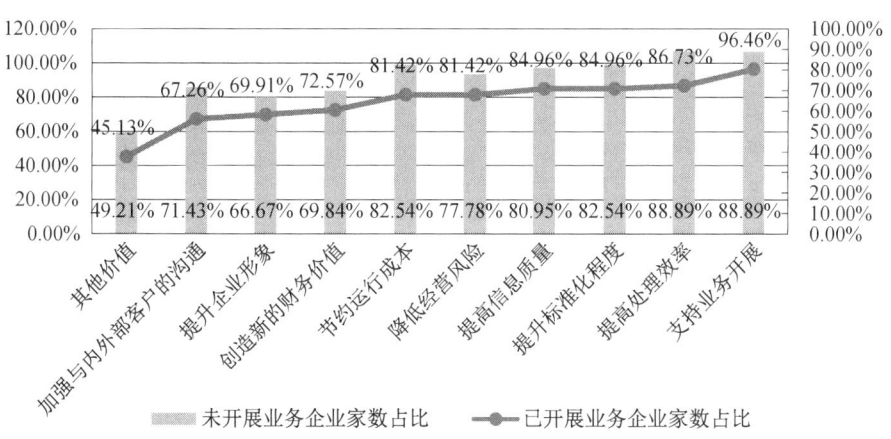

图 19 财务信息化为企业带来的核心价值-企业数量

2)价值额度占比

对于已在"一带一路"沿线国家开展业务的 156 家企业,"支持常规业务开展"成为财务信息化建设与应用为企业带来的最为核心的价值(占比超过 20%),其次是提高处理效率(占比 13%),之后是提升标准化程度、提高信息质量、节约运行成本和降低经营风险(分别占比约 10%)。

与尚未在"一带一路"沿线国家开展业务的企业相比,已在"一带一路"沿线国家开展业务的企业认为,在支持常规业务开展、提升标准化程度、节约运行成本三方面的价值略高,平均占比高出约 1.8 个百分点(1.77%＝14.56%－12.79%)。

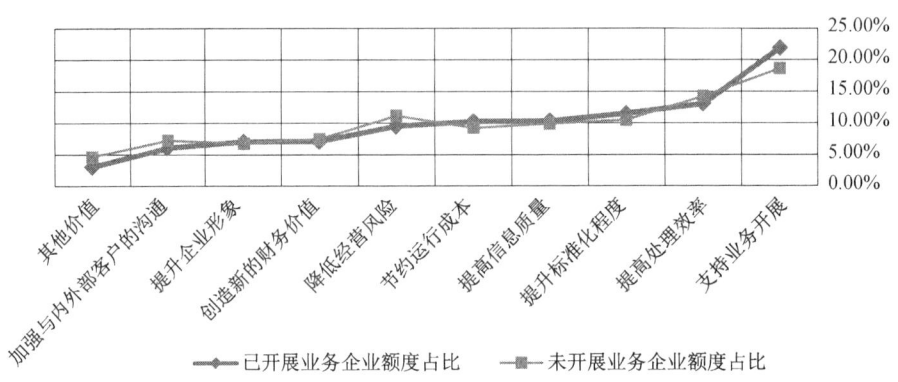

图20　财务信息化为企业带来的核心价值–价值额度

可见,"支持常规业务开展"也是企业进行财务信息化建设和应用中最为核心的价值。

3. 企业财务信息化建设与应用中面临的障碍

关于进行企业财务信息化建设与应用的最大障碍,已在"一带一路"沿线国家开展业务的企业中,近半数的企业认为,"企业当前使用的财务信息系统不支持国际化业务""海外当地电力、网络、通信等基础设施不完备"和"财务信息系统软件商海外当地支持力量缺乏"是障碍;超过20%的企业认为,"海外当地不允许使用外国的财务信息系统""本企业人财物支持力度不够"也是障碍;约 3% 的企业认为还有其他障碍,如区域化特殊要求无法得到满足等。

与尚未在"一带一路"沿线国家开展业务的企业相比,已在"一带一路"沿线国家开展业务的企业认为,"企业当前使用的财务信息系统不支持国际化业务""海外当地电力、网络、通信等基础设施不完备""财务信息系统软件商海外当地支持力量缺乏"三方面的障碍偏大,平均占比高出约 9 个百分点。

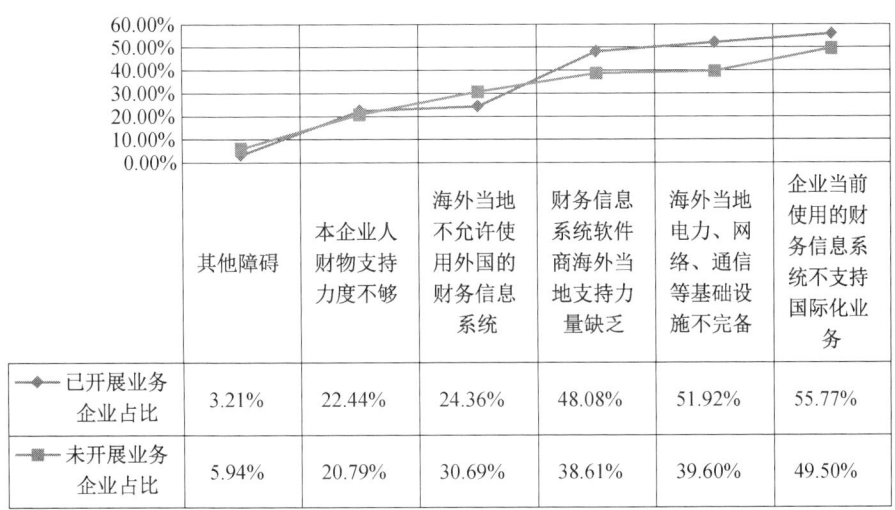

	其他障碍	本企业人财物支持力度不够	海外当地不允许使用外国的财务信息系统	财务信息系统软件商海外当地支持力量缺乏	海外当地电力、网络、通信等基础设施不完备	企业当前使用的财务信息系统不支持国际化业务
已开展业务企业占比	3.21%	22.44%	24.36%	48.08%	51.92%	55.77%
未开展业务企业占比	5.94%	20.79%	30.69%	38.61%	39.60%	49.50%

图 21　企业财务信息化建设的障碍对比

4. 财务信息化给企业带来的负面作用

关于财务信息化给企业带来的负面作用，已在"一带一路"沿线国家开展业务的企业中，超过 65% 的企业认为可能"带来数据安全风险"，超过 35% 的企业认为"无法灵活开展业务"，近 30% 的企业认为"无法及时审批流程"，超过 20% 的企业认为可能"带来经营合规风险"，还有 5% 的企业认为可能带来其他负面作用，如形成信息孤岛、带来政策风险、税收风险等。可见，数据安全风险是企业财务信息化建设的首要风险。

与尚未在"一带一路"沿线国家开展业务的企业相比，已在"一带一路"沿线国家开展业务的企业认为，"无法及时审批流程"方面的负面作用明显，占比高出约 6 个百分点。可见，及时审批流程值得国际化的企业特别关注。

（三）受访企业财务信息化建设与应用的迫切需求

1. 企业财务信息系统迫切的功能需求

关于企业财务信息系统迫切的功能需求，已在"一带一路"沿线国家

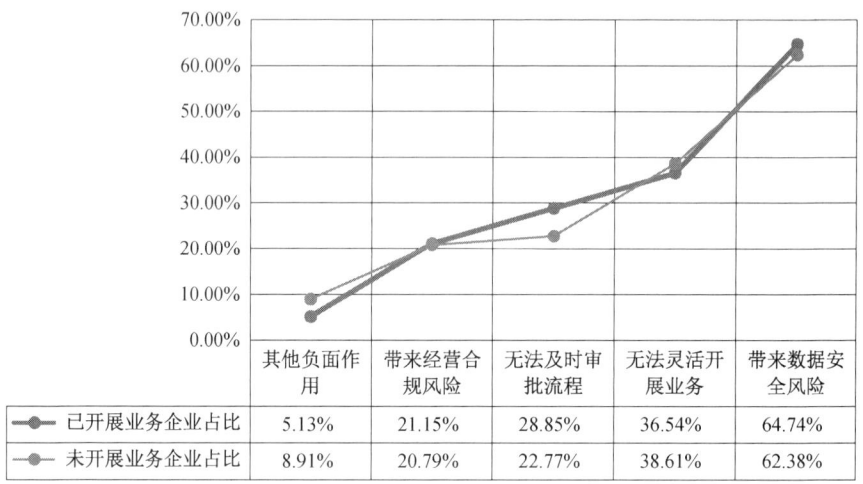

	其他负面作用	带来经营合规风险	无法及时审批流程	无法灵活开展业务	带来数据安全风险
已开展业务企业占比	5.13%	21.15%	28.85%	36.54%	64.74%
未开展业务企业占比	8.91%	20.79%	22.77%	38.61%	62.38%

图 22 财务信息化给受访企业带来的负面作用

开展业务的企业中，近 80％的企业迫切需要"支持海外当地财务合规"，超过 70％的企业迫切需要"支持多准则"，超过 60％的企业迫切需要"支持多语言"，40％左右的企业迫切需要"与海外当地税务直连"和"与海外当地银行直连"，也有企业对"系统效率"和"报表中心灵活多样"提出了需求。

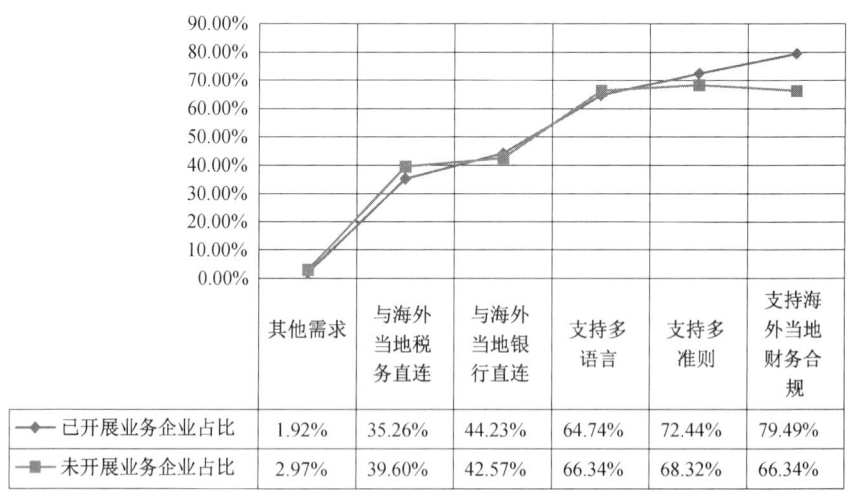

	其他需求	与海外当地税务直连	与海外当地银行直连	支持多语言	支持多准则	支持海外当地财务合规
已开展业务企业占比	1.92%	35.26%	44.23%	64.74%	72.44%	79.49%
未开展业务企业占比	2.97%	39.60%	42.57%	66.34%	68.32%	66.34%

图 23 受访企业财务信息系统的功能需求对比

与尚未在"一带一路"沿线国家开展业务的企业相比，已在"一带一路"沿线国家开展业务的企业对于"支持海外当地财务合规"和"支持多准则"的需求较为迫切，占比分别高出约 13 个百分点和 4 个百分点。

2. 企业财务信息系统的语言支持需求

关于企业财务信息系统在语言支持方面的需求，已在"一带一路"沿线国家开展业务的企业中，对"界面支持英文""界面支持中文"和"界面支持海外当地语言"的需求位居前三（平均占比超过 68%），对处理内容的多语言支持位居其次（各自占比均超出过 50%）。可见，相对于处理内容的多语言支持，企业财务信息系统对系统界面的多语言处理需求更为迫切。

与尚未在"一带一路"沿线国家开展业务的企业相比，已在"一带一路"沿线国家开展业务的企业对于企业财务信息系统的语言支持需求普遍较高，平均占比高出约 8.5 个百分点。

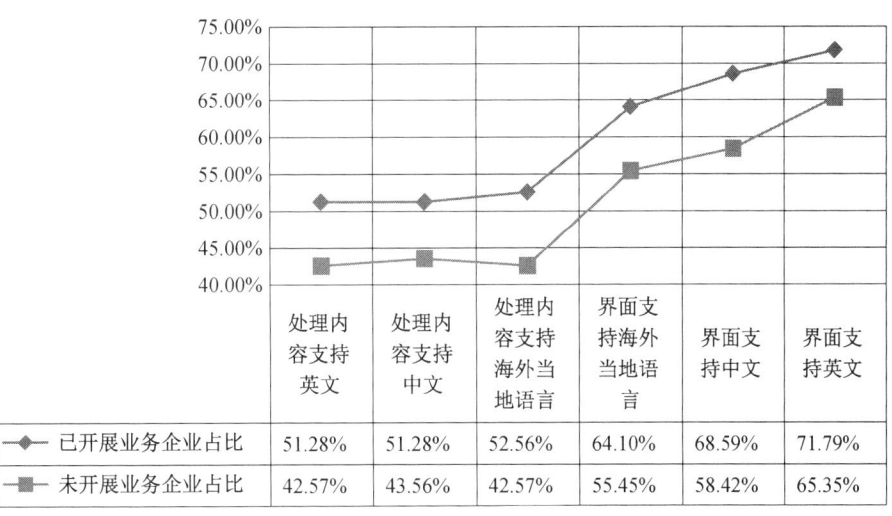

	处理内容支持英文	处理内容支持中文	处理内容支持海外当地语言	界面支持海外当地语言	界面支持中文	界面支持英文
已开展业务企业占比	51.28%	51.28%	52.56%	64.10%	68.59%	71.79%
未开展业务企业占比	42.57%	43.56%	42.57%	55.45%	58.42%	65.35%

图 24　受访企业财务信息系统的语言支持需求对比

3. 影响企业财务信息系统性能的因素

关于影响企业财务信息系统性能的因素，已在"一带一路"沿线国家开展业务的企业中，超过 80% 的企业提到 "海外当地所用网速等基础设施水平"，近 60% 的企业提到 "财务信息系统本身的性能"，50% 的企业提及 "财务信息系统用户的操作能力" 和 "所用数据库的性能"，40% 的企业提及 "所用操作系统的性能"，还有超过 20% 的企业提及 "所用计算机本身的性能"。可见，"一带一路" 沿线国家的网络基础设施建设有待进一步加强，财务信息系统和数据库的性能、用户的操作能力皆有待进一步提升。

与尚未在 "一带一路" 沿线国家开展业务的企业相比，已在 "一带一路" 沿线国家开展业务的企业认为，各因素对财务信息系统的性能影响程度更大，平均占比高出约 3 个百分点。

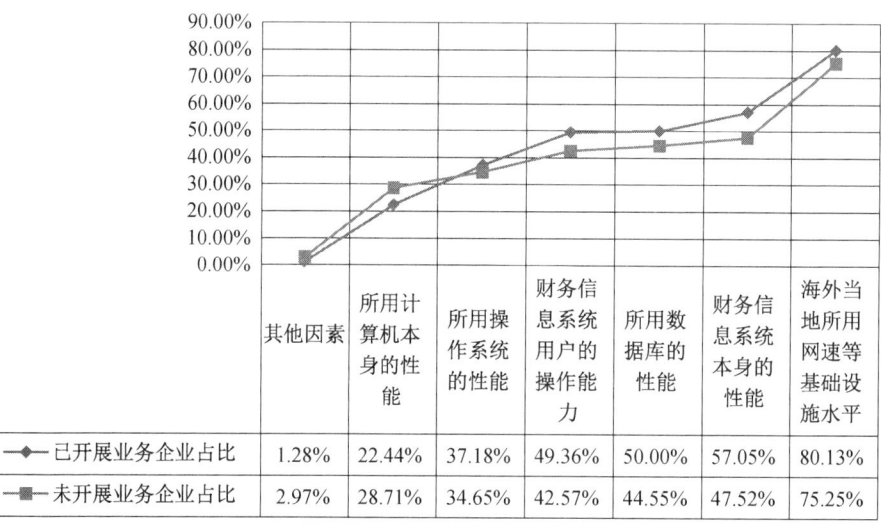

	其他因素	所用计算机本身的性能	所用操作系统的性能	财务信息系统用户的操作能力	所用数据库的性能	财务信息系统本身的性能	海外当地所用网速等基础设施水平
已开展业务企业占比	1.28%	22.44%	37.18%	49.36%	50.00%	57.05%	80.13%
未开展业务企业占比	2.97%	28.71%	34.65%	42.57%	44.55%	47.52%	75.25%

图 25 受访企业财务信息系统的性能影响因素对比

（四）受访企业财务信息化建设与应用的未来发展

1. 企业财务信息化建设与应用中的技术期望

关于企业财务信息化建设与应用中最希望使用的新技术，已在 "一带一路" 沿线国家开展业务的企业中，超过 70% 的企业期望使用 "大数据" 和 "云计算"，近 50% 的企业期望使用 "移动互联网"，40% 左右的企业期望使用"数据安全技术"和"人工智能",近 20％的企业期望使用"图像识别""区块链"和"物联网"。可见,大数据和云计算是已在"一带一路"沿线国家开展业务的企业最为关注的新技术,其次是移动互联网、数据安全技术和人工智能。

与尚未在"一带一路"沿线国家开展业务的企业相比,已在"一带一路"沿线国家开展业务的企业对"大数据"的使用期望高出 13.5 个百分点,对于云计算、移动互联网、数据安全技术、人工智能和图像识别的使用期望略高(平均高出约 1 个百分点),对于区块链和物联网的使用期望略低(平均低出 4.5 个百分点)。

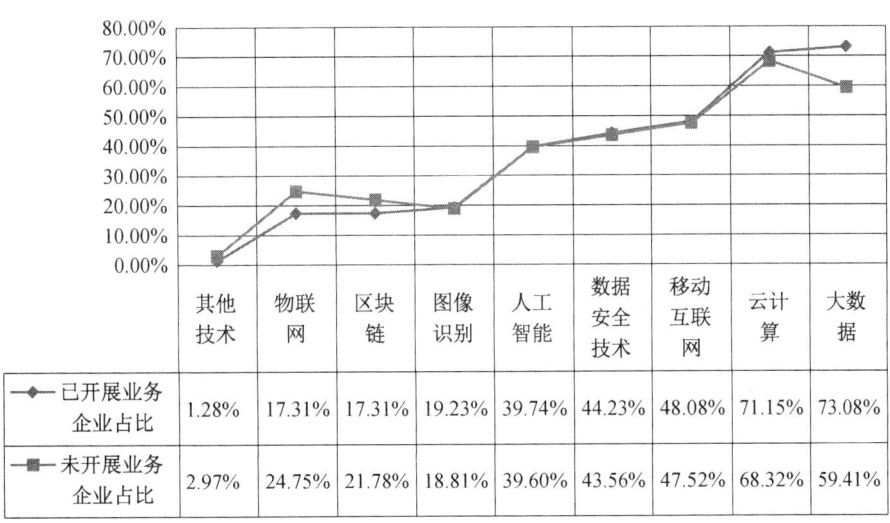

	其他技术	物联网	区块链	图像识别	人工智能	数据安全技术	移动互联网	云计算	大数据
已开展业务企业占比	1.28%	17.31%	17.31%	19.23%	39.74%	44.23%	48.08%	71.15%	73.08%
未开展业务企业占比	2.97%	24.75%	21.78%	18.81%	39.60%	43.56%	47.52%	68.32%	59.41%

图 26　受访企业财务信息化建设和应用中希望使用的新技术

2. 与影响会计从业人员的信息技术对比

已在"一带一路"沿线国家开展业务的企业,财务信息化建设中希望运用的新技术与影响会计从业人员的十大信息技术(参见相关报告链接)拥有相近趋势,云计算和移动互联两类技术的占比相近(分别占比约为 70％和 50％),十大技术的占比普遍高于企业期望运用的技术占比,平均占比约高出 13％。可见,新技术对会计从业人员的影响,还将伴随企业对新技术的实际运用而持续发酵。

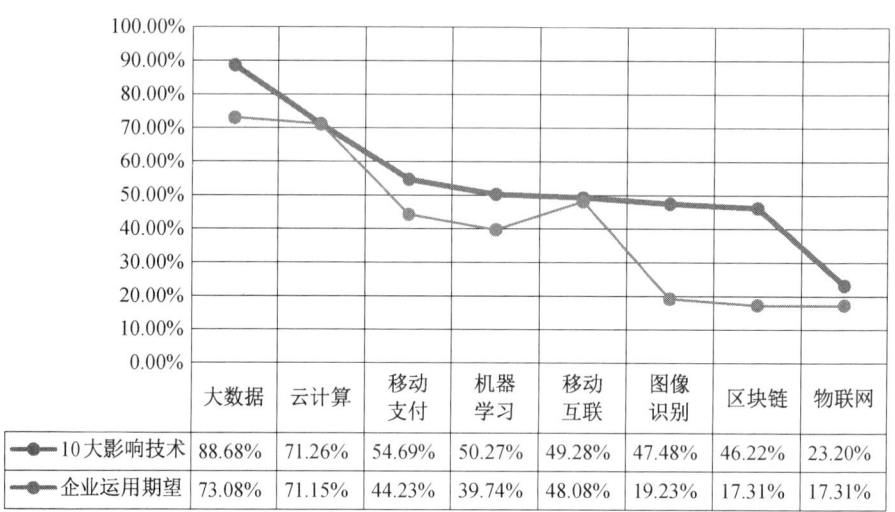

	大数据	云计算	移动支付	机器学习	移动互联	图像识别	区块链	物联网
10大影响技术	88.68%	71.26%	54.69%	50.27%	49.28%	47.48%	46.22%	23.20%
企业运用期望	73.08%	71.15%	44.23%	39.74%	48.08%	19.23%	17.31%	17.31%

图27　十大影响技术与企业期望使用的技术对比

3. 企业财务信息化建设与应用中的互联互通

关于企业财务信息化建设与应用中的互联互通方面，共计136家已在"一带一路"沿线国家开展业务的企业提出了具体见解，超过55％的企业认为，应实现财务系统内部的互联互通，包括财务会计信息系统内部的互联互通（如财务核算统一、财务报表统一、核算与报表互联、财务共享服务等）、管理会计信息系统内部的互联互通（如预算管理的统一、财务分析的统一）、财务管理信息系统内部的互联互通（如资金集中管理、费用与报账、项目投资管理等），以及三类系统之间的互联互通（如资金管理和预算管理、预算管理和业务管理等）。

超过20％的企业认为，应实现业务财务系统互联（如产品生命周期管理、高级计划与排程管理等）和数据共享（包括财务数据共享、管理会计信息共享、业务数据共享、外部信息共享等）；约10％的企业认为，应实现企业内部管理与业财系统互联（包括业财和风控、OA与业务、业务处理流程、集团管控、实时沟通等），以及企业与外部利益相关方互联（包括银企直联、供应链互联、税企直连、汇①企直连等）；约4％的企业认为，应实现数据标准统一、财税政策法规统一、财务税务系统互联（含票据与税务）、会计准则转换；还有企业提及业务系统内部互联、人才交流、语言统一、数据库统一和管理系统内部互联等互联互通需求。

与尚未在"一带一路"沿线国家开展业务的企业（61家企业提出了具体见解）相比，已在"一带一路"沿线国家开展业务的企业对财务系统内部互联、业务财务系统互联、企业内外互联、数据标准统一、财务税务系统互联、业务系统内部互联、数据库统一方面的互联互通需求略高，平均高出约3个百分点。

可见，企业财务信息化建设应首先满足"财务系统内部互联"，其次是"业务财务系统互联"和"数据共享"。

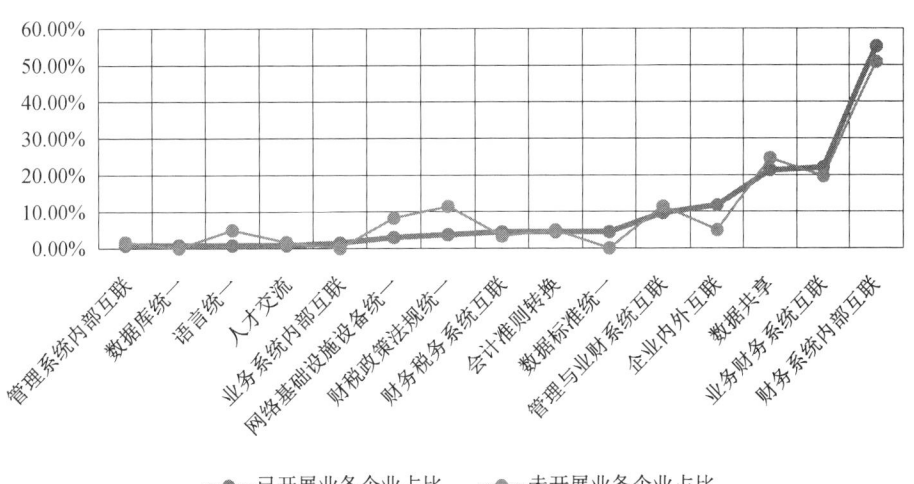

图28　受访企业对互联互通的需求

三、受访企业财务信息化人才培养情况

"一带一路"的发展需要依靠技术的支持。为了更有效地将这些技术

---

①　指外汇管理系统。

应用于实践工作中，无论是通过能力再培训从而提高现有员工的技能水平；还是利用新技能重新武装财务部门；抑或是从外部招聘具备新技能的人才，财务部门无疑需要掌握新的技能。

ACCA在《专业会计师——成就未来》报告中分析了未来的技能组合，为了令财会职业不断迈进，七项重要的技能领域（或称为"能力商数"）必不可少。其中，专业能力和道德水平（TEQ）是模型的核心所在。除此之外，还包括大家熟知的情商（EQ）、智商（IQ），以及在报告中特别强调的数字商（DQ）、创造力（CQ）、远见（VQ）和经验（XQ）。这一系列与未来财务职能相关且至关重要的"职业商数"，能帮助专业会计师和企业确定所需的技能组合。财务领导者首先需要了解可用的技术选择。作为财务领导者，他们对于企业发展起着核心作用，他们必须把握机遇，了解各种可用工具的功能和使用方法——然而成功履行这一职责绝非易事。

人才是"数字联通'一带一路'"最为重要的考量因素。我们可以拥有许多不同的信息系统、新兴技术和信息，但关键是，我们能否拥有合适的人才去驾驭这些信息系统、新兴技术和信息。应用技术要求对整个财务部门的技能组合进行重新评估。财务部门必须投资于人，我们需要认识到，数据分析师、机器人控制专员、大数据分析专家、信息系统流程优化专家等拥有宝贵新数字化技能的人才正在市场上崭露头角，在很多市场甚至已经变得非常稀缺。一方面，企业需要走出企业，设法尽早地招募到这些人才；另一方面，企业也需要提前部署，帮助现有员工进行重新职业规划，从而帮助他们做好胜任这些新兴角色的准备，培养内部人员的数字化能力。

财务领导者应努力倾听年轻员工、课题专家，以及那些积极拥抱新技术的资深员工的意见。因为，即便是财务领导者，也很难了解所有的技术变化，并及时识别机遇和风险。ACCA针对"80后"的《财务新生代》的全球调研发现，随着创新和数字技术的发展，年轻的员工往往更有可能成为课题专家，那么企业要做的，是思考如何将他们培养成为资深员工。

弥合当前新兴技术所带来的技能缺口至关重要，但这是一项长期而持续的工作，无法一劳永逸地解决。从此次受访企业的数据来看，企业的数字化人才培养，任重而道远。

（一）受访企业财务人员对技术领域的了解程度

技术正在发生不断的迭代。很多人将人工智能、大数据、区块链的发展与因特网的崛起作类比。因特网确实有类似的经历，在20世纪90年代的时候，当时很多公司都建立了自己公司的网站，但并没有很多公司真正了解因特网的价值所在。回过头来，在后续发展的5～10年之间，真正了解它价值所在的企业逐渐成了这个行业的巨头，最终主宰了这个市场。因此，此次调研特别聚焦于企业财务人员对财务信息化相关的科技领域的了解程度。调研显示，整体来说，受访企业财务人员对科技的了解程度一般。以完全不知道打1分到可以熟练应用打5分，受访人员的平均分为3.00分，即了解程度一般。

其中，对发展时间较长、已经相对普及的办公自动化软件（如Word、Excel）、社交媒体（如微信、微博）和会计信息系统的了解程度较好，平均分是4.06分，即可以达到非常了解的程度。对新兴科技的了解程度较低，均低于3.00分，各项技术的平均分是2.54，按了解熟悉程度由大到小排序依次是大数据（及数据分析技术）、云计算、机器人流程自动化（RPA）、物联网、人工智能、基于区块链技术的分布式记账和基于区块链技术的电子货币。其中，基于区块链技术的上述两项科技，企业财务人员表示了解非常少，有超过35％的受访人员表示他们完全不了解区块链技术。ACCA在其报告《分布式记账和区块链技术》中指出："未来2～3年区块链技术会有相当大的突破。在过去的3年间，它发展的速率正在不断提升。事实上，它已经从之前的概念验证发展到了真实应用场景的一些测试，已经有一些企业把这些测试转化为可以落地的应用，我们预计在某些领域可能最后会形成规模化应用。"在不久的将来，我们预计企业会更多聚焦于怎么样把区块链技术的应用场景规模化和如何管控风险与治理。

贵企业财务人员对以下科技相关领域的了解程度，按 1～5 分打分

技术领域	完全不知道	了解较少	一般	非常了解	熟练应用	平均分
	1	2	3	4	5	
办公自动化软件（如 word，excel）	5	16	47	68	121	4.11
社交媒体（如微信、微博）	10	12	48	73	114	4.05
会计信息系统	3	16	54	80	104	4.04
大数据（及数据分析技术）	17	66	99	51	24	3.00
云计算	30	78	94	36	19	2.75
机器人流程自动化（RPA）	39	83	91	27	17	2.61
物联网	54	75	76	36	16	2.55
人工智能	47	90	88	19	13	2.46
基于区块链技术的分布式记账	91	74	50	25	17	2.23
基于区块链技术的电子货币	96	74	47	25	15	2.18

已开展"一带一路"业务的受访企业的财务人员对各项信息化科技的了解程度均高于未开展"一带一路"业务的受访企业。两类企业对于前三项了解程度较高的科技，差异在 6％以内（平均分分别是 4.11、4.05、4.04）；但对于新兴科技的了解程度（不包括区块链），已开展"一带一路"业务的受访企业则明显要优于未开展"一带一路"业务的受访企业，两类企业的差距基本上在 10％以上；对于区块链技术，两类企业的了解程度均较低，相差不大。

贵企业财务人员对以下科技相关领域的了解程度

（按是否开展"一带一路"业务分类），按 1～5 分打分

技术领域	平均分				
	已开展业务	未开展业务	差异	差异率（％）	总计
办公自动化软件（如 word，excel）	4.10	4.11	−0.01	−0.15％	4.11
社交媒体（例如微信、微博）	4.09	3.98	0.11	2.75％	4.05
会计信息系统	4.12	3.91	0.20	5.23％	4.04

(续表)

技术领域	平均分				
	已开展业务	未开展业务	差异	差异率（%）	总计
大数据（及数据分析技术）	3.12	2.81	0.30	10.79%	3.00
云计算	2.78	2.70	0.08	2.93%	2.75
机器人流程自动化（RPA）	2.72	2.45	0.27	11.14%	2.61
物联网	2.65	2.41	0.24	10.04%	2.55
人工智能	2.57	2.29	0.28	12.39%	2.46
基于区块链技术的分布式记账	2.26	2.19	0.07	3.41%	2.23
基于区块链技术的电子货币	2.24	2.09	0.15	7.09%	2.18

从行业看，金融服务行业、能源行业的受访企业的财务人员对信息化科技的了解程度高于平均分，达到 3.25 和 3.17；而工业制造、工程及施工的受访企业的财务人员的了解程度低于平均分，分别是 2.85 和 2.69。

从企业年收入规模看，各规模企业并未见明显规律特征。从企业人员规模看，2 000 人以上的企业的财务人员对信息化的了解程度优于 2 000 人以下的企业，平均分分别是 3.05 和 2.92。

（二）受访企业培养财会人员数字化能力的方式

问卷提出不同的培养方式，包括组织内部培训、专业资格培训、参与外部培训及论坛、在职提高学历、轮岗、在职的自我摸索、在职的上司指导、公司内跨部门的讨论、对外考察交流、暂调业务部门做深入了解。统计结果表明，在受访企业中最常见的培养方式是组织内部培训、专业资格培训、参与外部培训与论坛。

人才培养方式	已开展业务企业		未开展业务企业		合计	
	企业数量	企业占比	企业数量	企业占比	企业数量	企业占比
组织内部培训	108	69.23%	55	54.46%	163	63.42%
专业资格培训	90	57.69%	66	65.35%	156	60.70%
参与外部培训及论坛	78	50.00%	53	52.48%	131	50.97%

（续表）

人才培养方式	已开展业务企业		未开展业务企业		合计	
	企业数量	企业占比	企业数量	企业占比	企业数量	企业占比
在职提高学历	54	34.62%	38	37.62%	92	35.80%
轮岗	57	36.54%	30	29.70%	87	33.85%
在职的自我摸索	51	32.69%	30	29.70%	81	31.52%
在职的上司指导	49	31.41%	22	21.78%	71	27.63%
公司内跨部门的讨论	45	28.85%	24	23.76%	69	26.85%
对外考察交流	43	27.56%	25	24.75%	68	26.46%
暂调业务部门做深入了解	14	8.97%	8	7.92%	22	8.56%
受访企业总计	156		101		257	

根据调研所得的结果，我们发现不同类型受访企业认为最常见的培养方式见下表。总的来说，各类型受访企业在培养方式上并未见明显差异。

行业			
金融服务行业	专业资格培训	参与外部培训及论坛	组织内部培训
工业制造	专业资格培训	组织内部培训	参与外部培训及论坛
其他	组织内部培训	专业资格培训	参与外部培训及论坛
收入规模			
1亿美元或以下	专业资格培训	组织内部培训	参与外部培训及论坛
1.01亿～9.99亿美元	组织内部培训	专业资格培训	参与外部培训及论坛
10亿～49.99亿美元	专业资格培训	参与外部培训及论坛	组织内部培训
50亿～99.99亿美元	组织内部培训	专业资格培训	参与外部培训及论坛
100亿美元或以上	专业资格培训	组织内部培训	轮岗
人员规模			
2 000人以上企业	专业资格培训	组织内部培训	参与外部培训及论坛
2 000人以下企业	组织内部培训	专业资格培训	参与外部培训及论坛

2013年，ACCA曾联合上海国家会计学院发布《中国企业管理会计人才培养模式调研报告》。在此调研中，我们发现对于懂得运用科技及相关

软件、成本管理技术、数据分析技巧，最受欢迎的方式均是在职自我摸索。面对越来越复杂的技术应用环境，在此次的调研中，我们发现受访人员对于掌握数字化的知识和技能的能力水平提出了更高的要求。通过在职自我摸索（仅 31.52％的受访人员选择）已经无法完全满足企业财务人员的需求，受访人员希望可以通过更加系统化、全方位的专业培训来完成数字技能的升级。

四、美国特朗普税制改革和 BEPS 行动计划的影响

在"一带一路"倡议下，越来越多的中国企业走出去对外投资，必然受到沿线各国税收制度、税制改革和国际税收政策的深刻影响。而 2017 年美国特朗普税制改革的落地和 BEPS 行动计划的持续推进则在一定程度上影响了沿线各国税收政策的调整，进而影响我国走出去企业的税负和投资决策。因此，课题组对已经走出去对外投资的中资企业受美国特朗普税制改革和 BEPS 行动计划的影响进行了调研分析。研究发现，为应对特朗普税制改革，44.23％的受访企业表示投资所在国家有相应的税制改革，改革涉及企业所得税、个人所得税、流转税和国际税收，由此导致企业税负上升和不变的均为 31.08％，税负下降的为 37.83％；企业增加投资的占比 53.66％，保持不变的 39.02％，仅有 7.31％的企业考虑减少投资。为应对 BEPS 行动计划，66.67％的受访企业表示投资所在国有政策调整，其中涉及受控外国公司制度的达 36.54％，转让定价、防止滥用税收协定和混合错配的占比也在 30％左右，由此导致企业税负上升的占比 34.15％，税负下降的占比 28.05％，税负不变的占比 37.80％；企业增加投资的占比 41.37％，投资不变的 48.28％，仅有占比 10.34％的企业要减少投资。面对美国特朗普税制改革和 BEPS 行动计划的推进，以及由此对企业对外投资决策和税负的影响，为提高企业对外投资积极性和信心，企业希望投资所在国能够降低税率，给予税收优惠，增强税收透明度、稳定性和法治化程度，简化税收征管程序，提高执法规范度；同时希望我国进一步完善出

口退税和补贴制度，加强国际税收协调，通过税收协定为"走出去"企业消除重复课税。

（一）美国特朗普税制改革对沿线国家企业税负与投资的影响

1. 美国特朗普税制改革内容

（1）将联邦公司所得税 15％～35％的超额累进税率改为 21％的单一税率。

（2）对独资企业、合伙企业和 S 型公司等穿透性实体继续适用个人所得税，对所得减征 20％。

（3）企业资本性投资费用化，允许企业除不动产之外的投资当年就可以在公司所得税前全额扣除，该政策持续 5 年，5 年以后可扣除的比例逐年降低。

（4）个人所得税税率档次由 10％、15％、25％、28％、33％、35％、39.6％调整为 10％、12％、22％、24％、32％、35％、37％。

（5）个人所得税的标准扣除额"翻倍"，个人申报扣除额从 6 500 美元提高到 12 000 美元，夫妻联合申报扣除额从 13 000 美元提高到 24 000 美元。

（6）取消 4 050 美元的免税额。

（7）子女税收抵免由每人 1 050 美元提高到 2 000 美元，抚养人口抵免额每人每年 500 美元。

（8）住房贷款利息减免额由前 100 万美元的贷款减为前 75 万美元的贷款。

（9）取消公司可替代最低税（AMT），提高个人可替代最低税（AMT）的门槛，个人申报应税所得由 55 400 美元提高至 70 300 美元，夫妻联合申报应税所得由 86 200 美元提高至 109 400 美元。

（10）提高遗产税"门槛"，个人申报免征额由 560 万美元提高至 1 120 万美元，夫妻联合申报免征额由 1 120 万美元提高至 2 240 万美元。

（11）实行属地征税制度，对美国企业控股超过 10％的海外企业的股息红利所得免税。

（12）对跨国企业的海外滞留利润汇回美国的按照低税率一次性征税，现金及现金等价物适用税率为15.5％，非现金资产适用税率为8％。

（13）对美国企业向海外关联企业支付的有关费用征收税基侵蚀与反滥用税，2018年税率为5％，2019年至2025年税率为10％，2026年以后税率为12.5％。

（14）对企业的海外无形资产收入按照一个较低的税率征税。

2. 沿线国家税制改革情况

美国特朗普税制改革主要着眼于公司所得税、个人所得税和国际税收三个方面，通过"有增有减、以减为主、以增为辅"的改革简化税制，着力降低企业层面的税负，吸引美国企业资本回流和其他国家资本向美国流动。在全球化的背景下，美国特朗普税制改革会在较大程度上引发其他国家相应的税制改革，进而重构国际税收秩序，事实上，这种趋势已经显现。

在本次调研中，在"一带一路"沿线国家开展业务的156家企业中，东道国应对特朗普税制改革进行了企业所得税改革的44家，个人所得税改革的21家，流转税改革的27家，国际税收改革的24家，其他改革的12家。其中5家企业表示在企业所得税、个人所得税、流转税和国际税收方面均有改革，无改革的87家。显然，44.23％的受访企业表示投资所在国家有相应的税制改革。需要说明的是，囿于数据可得性，未进一步将地区细化到国家，所以无法得到具体国家应对特朗普税制改革而进行税制改革的数据。从区域来看，东南亚、南亚、中亚、中东、中东欧和俄罗斯地区无显著差异。

典型企业情况：

（1）一家在东南亚地区从事消费品与零售，年收入在10亿～50亿美元，员工人数在5 000人以上的企业表示，所在地区在企业所得税、个人所得税、流转税和国际税收方面均有改革，减税力度大。

（2）一家在东南亚、南亚和中东地区均有投资、从事基础设施建设，年收入在 10 亿～50 亿美元，员工人数在 2 000～5 000 人的工程施工企业表示，所在地区降低了税收稽查的频次和力度。

（3）一家在南亚地区孟加拉国投资，年收入在 50 亿～99.99 亿美元，员工人数在 5 000 人以上的能源企业表示，孟加拉国于 2017 年 7 月 1 日起实施新增值税法，采取多项措施（如扩大增值税豁免范围等）优化其营商环境。

有企业表示，所在地区国家有税制改革，但与美国特朗普税制改革不直接相关。

（4）一家在中亚、中东欧和俄罗斯均有投资、从事基础设施建设，年收入在 10 亿～50 亿美元，员工人数在 5 000 人以上的工业制造企业表示，所在地区新增了特许权使用费等预提所得税，但与美国税制改革没有直接关系。

（5）一家工业制造企业认为，各国税制改革主要源于本国财政经济状况变化，并不直接关联美国税制改革。

此外，由于美国特朗普税制改革落地不久，大量国家尚未启动相应的税制改革。

（6）一家投资于东南亚、南亚和中亚地区的企业表示，尽管美国税制改革会影响全球，但是在"一带一路"沿线国家中，该企业投资发展的地区和全球经济联系不够紧密，且多数为发展中地区，所以短时间内税制不会改变。

3. 对企业税负与投资的影响

投资所在国家的税制改革会对企业税负产生影响，进而影响企业投资决策。调研发现，税制改革导致企业税负上升的 23 家，税负下降的 28 家，税负不变的 23 家，税负不确定的 82 家。从有明确影响的企业来看，74 家企业中税负上升和不变的均为 31.08%，税负下降的为 37.83%。税制改革导致企业增加投资的 22 家，减少投资的 3 家，投资不变的 16 家，投资不确定的 115 家。从 41 家有明确投资影响的企业来看，增加投资的占比53.66%，保持不变的为 39.02%，仅有占比 7.31% 的 3 家企业考虑减少投资。

典型企业情况：

（1）一家投资于东南亚、南亚和中亚地区，从事金融服务和政府及公共服务，年收入 50 亿～99.99 亿美元，员工人数为 2 000～5 000 人的企业表示会增加投资，主要原因是该企业投资的地区多数位于发展中国家，每年的经济增长率在不断提高，发展空间巨大。

（2）一家在南亚地区孟加拉国投资，年收入 50 亿～99.99 亿美元，员工人数为 5 000 人以上的能源企业表示，通过优惠的增值税政策，降低投资主体税负，增强对外商吸引力，势必增加投入，增加投资。

（3）一家在东南亚、中东欧和俄罗斯投资，年收入 1 亿美元以下，员工人数为 500 人以下的能源企业表示，面对税负不确定的情况，投资目的地结构要调整，主要投资业务由美国向其他国家转移。

（4）一家在东南亚和非洲投资，从事基础设施建设，年收入 1 亿～9.99 亿美元，员工人数为 2 000～5 000 人的工程施工企业表示，虽然税负有所下降，但在未完全融入当地的情况下，还需要更多地使用保守策略，保持投资不变。

（5）一家在东南亚、南亚、中亚、中东、俄罗斯和非洲均有投资，从事基础设施建设、大宗商品贸易，年收入 100 亿美元以上，员工人数为500～2 000 人的工业制造、能源企业表示，当前全球经济复苏缓慢的状况对很多国家有财政压力，对于大部分发展中国家提高税负，特别是对外国投资项目提高税负是较为直接有效的手段，面对税负上升的情况，投资可能减少。

（二）BEPS 行动计划对沿线国家企业税负与投资的影响

1. BEPS 行动计划内容

BEPS（Base Erosion and Profit Shifting）行动计划，即"税基侵蚀和

利润转移"行动计划,是由 OECD 主导推进,经由 G20 国家领导人背书的一项国际税收行动计划,旨在通过各国共同努力打击国际逃避税。BEPS 行动计划包括"应对数字经济带来的挑战""协调各国企业所得税税制""重塑现行税收协定和转让定价国际规则""提高税收透明度和确定性"和"开发多边工具促进行动计划实施"等 5 大类 15 项行动计划。

(1)数字经济。应对数字经济对国际税收制度体系带来的挑战。

(2)混合错配。对纳税人通过不同国家税法对同一金融工具、资产交易以及实体认定的不同规定进行"混合错配"税收筹划,从而对达到双重不征税的行为进行防范、打击。

(3)受控外国公司制度。受控外国公司制度是防止纳税人将利润转移至低税国,受控外国公司从而逃避或递延税收的制度,符合规定的所得即使没有汇回国内也要视同汇回进行征税。

(4)利息扣除。对向第三方或关联方支付利息进行税前扣除予以限制。

(5)打击有害税收竞争。消除或限制各国的不当税收竞争,各国给予税收优惠时必须判断是否有相配套的实质经济活动,否则不应给予税收优惠。

(6)防止滥用税收协定。引入利益限制条款(LOB)和主要目的测试(PPT)防止择协避税。

(7)防止人为规避构成常设机构。通过修订有关代理人条款和常设机构的豁免规定,并纳入主要目的测试,以防止人为规避构成常设机构。

(8)转让定价。包括无形资产、风险和大宗商品的转让定价等 3 项行动计划,强调独立交易原则。

(9)数据统计分析。通过对转让定价国别报告的数据统计分析,提高各国应对 BEPS 问题的能力。

(10)强制披露。对税收筹划方案进行强制披露,但不要求各国统一实行强制披露。

(11)转让定价资料。要求纳税人向税务管理机关提供高水平的转让定价资料,包括三部分:主文档、当地文档和国别报告。国别报告不能直接用于转让定价调整,只能用于风险识别、监控和调查。

(12)使争端解决机制更有效。确保跨国税收争议得到有效及时解决,各国相互协商案件完结时间不得超过 24 个月,税收协定范本中增加仲裁条款。

(13)制定多边法律工具。对各国面对的共性问题,通过制定多边法律工具,对全球 3 000 多个税收协定一次性应对和修改。

2. 沿线国家响应 BEPS 行动计划的举措

BEPS 行动计划的落地需要各国出台相应的政策进行响应。调研发现,对外投资企业所在东道国在 BEPS 行动计划公布后进行调整的情况为,受控外国公司制度方面有 38 家,转让定价有 32 家、防止滥用税收协定有 31 家、混合错配有 30 家、利息扣除限制有 23 家、打击有害税收竞争有 23 家、防止人为规避构成常设机构有 22 家、强制披露有 19 家,其他方面调整的有 6 家,无任何调整的 52 家。在面临东道国政策调整的 104 家企业中,涉及受控外国公司制度的达到 36.54%,转让定价、防止滥用税收协定和混合错配的占比也在 30% 左右,大量企业投资所在国家在多个方面进行了政策调整。

典型企业情况:

(1)一家在东南亚、南亚、俄罗斯和非洲地区投资,从事基础设施、大宗商品贸易和仓储物流,年收入 1 亿~9.99 亿美元,员工人数 500 人以下的企业表示,多数国家对税务架构做出了更为严格的规定,防止通过受控外国公司等进行择协避税。

(2)一家在东南亚和非洲投资,从事基础设施建设,年收入 50 亿~99.99 亿美元,员工人数 5 000 人以上的工程施工企业表示,所在地区主要对境外母公司的采购价格做出了严格的审查,看是否公允,即密切关注转让定价措施。

(3)也有企业表示各国面对 BEPS 行动计划反应不一,当前研究不足,

难以一概回答。

3. 对企业税负与投资的影响

各国响应 BEPS 行动计划的举措会导致企业税负变动，进而影响投资决策。调研发现，上述举措导致税负上升的有 28 家，税负下降的 23 家，税负不变的 31 家，税负不确定的 74 家。从税负有明确影响的 82 家企业来看，税负上升的占比 34.15％，税负下降的占比 28.05％，税负不变的占比 37.80％。上述举措导致企业增加投资的有 12 家，减少投资的有 3 家，投资不变的 14 家，投资不确定的 127 家。从有明确投资影响的 29 家企业来看，选择增加投资的占比 41.37％，投资不变的 48.28％，仅有占比 10.34％的 3 家企业要减少投资。

典型企业情况：

（1）一家在东南亚和非洲投资，从事基础设施建设，年收入 50 亿～99.99 亿美元，员工人数在 5 000 人以上的工程施工企业表示，该公司评估小组认为 BEPS 行动计划会在未来增加不确定因素，但在可预期的情况中，经济增长率变化不大，可考虑增加投资，需早预防风险。

（2）一家在东南亚和非洲投资，从事基础设施建设，年收入 50 亿～99.99 亿美元，员工人数在 5 000 人以上的工程施工企业表示，鉴于 BEPS 行动导致的当地税收环境好转，公司决定要加大投资。

（3）部分企业表示"一带一路"沿线国家征管相对随意，BEPS 行动计划对投资者多了限制，增加了投资不确定性，有企业表示受 BEPS 行动计划影响，投资要分散化。

（4）也有企业认为 BEPS 行动计划只为增加透明度，不会影响企业的税负水平和投资行为。这恰恰证明部分企业对 BEPS 行动计划认识不足。

（三）提高企业投资积极性的税收政策展望

面对美国特朗普税制改革落地和 BEPS 行动计划的推进，以及由此对企业对外投资决策和税负的影响，为提高企业对外投资积极性和信心，从企业角度出发希望出台的税收政策包括如下七个方面。

（1）希望投资所在国家降低企业所得税、个人所得税、增值税和关税税率，尤其是出台有利于基础设施建设投资和投资回收的减税政策。

（2）希望投资所在国给予外资企业一定程度上的税收优惠。

（3）希望投资所在国的税制能够更加简洁、稳定、透明，提高法治化水平。

（4）希望投资所在国能够简化税收征管程序，提高税收执法规范度。

（5）希望投资所在国能够减少利润汇回限制。

（6）希望我国能够进一步完善出口退税和补贴制度。

（7）希望我国能在当前 102 个税收协定（协议或安排）的基础上进一步签订税收协定，加强国际税收协调，减少重复课税。

后　记

　　"一带一路"建设正在为沿线国家带来巨大的福祉，与此同时，也需要相关各方的共同推动。2017 年 7 月，上海国家会计学院联合中国会计学会、ACCA、德勤中国等在对"一带一路"沿线部分国家会计基础设施状况进行调查研究的基础上，共同主办了"会计基础设施助推'一带一路'"高层研讨会，取得了圆满成功。有感于会计基础设施在推进"一带一路"沿线货物贸易和资本流动中的重要性，我们决定联合中国会计学会、ACCA、德勤中国、浪潮集团和用友网络共同建立"一带一路"会计研究中心，并持续对与"一带一路"合作有关的会计基础设施问题开展系列研究。

　　2017 年 5 月，习近平主席在"一带一路"国际合作高峰论坛上提出，要加强在数字经济、人工智能、纳米技术、量子计算机等前沿领域合作，推动大数据、云计算、智慧城市建设，连接成 21 世纪的"数字丝绸之路"。2018 年 4 月，习近平主席进一步强调，要以"一带一路"建设等为契机，加强"一带一路"沿线国家在网络基础设施、数字经济、网络安全等方面的合作，建设 21 世纪

"数字丝绸之路"。为此，上海国家会计学院联合 ACCA 和用友网络，共同确定了 2018 年的研究主题——"数字联通'一带一路'"。基于对全国会计领军学员、上海国家会计学院的 EMPAcc 学员、ACCA 中国区会员和合作伙伴、用友网络科技股份有限公司客户企业的大规模调研和访谈，研究报告从财务信息化、财务人员数字化能力和税制改革应对三个方面探讨"数字联通'一带一路'"的路径和方法。

新技术背景要求人们加强数字化潮流与会计基础设施的结合，以数字化手段加快、夯实、助推"一带一路"合作的会计基础设施。加强会计基础设施建设，包括会计准则和制度体系建设、会计人才队伍建设和会计监管体系建设，使"一带一路"沿线国家的会计信息实现互联互通，降低贸易和资本流动过程中的交易成本，能够为"一带一路"合作提供重要的支撑。而在会计及其相关领域快速推进的数字化，是"数字丝路建设"的重要组成部分，无疑可以大大增强"一带一路"沿线国家企业内部、企业与利益相关者之间会计信息的互联互通，夯实会计基础设施，促进"一带一路"合作。

2018 年 6 月 25 日，上海国家会计学院联合中国会计学会、ACCA、德勤中国、浪潮集团和用友网络，共同主办"数字联通'一带一路'"主题研讨会，围绕数字联通中的机遇与挑战、数据治理中的标准与架构以及新数字技术在"一带一路"合作中的运用前景等，进行研讨碰撞，探寻加强会计基础设施建设、以数字化手段联通"一带一路"的路径和方法。

在各方的共同努力下，特别是来自政府部门、学术界、企业界的专家们的大力支持下，在上海国家会计学院举办的研讨会取得了巨大的成功，这不仅是因为研讨会提出并诠释了"数字联通'一带一路'"的含义并得到了大家的一致认同，还因为许多与会专家的高质量演讲给与会的国内外人士以深刻的启迪，以及"'一带一路'会计研究中心"的正式揭牌。为了让更多的人士从研讨会的成果中受益，我们成立了编辑小组，请所有专家对演讲稿和研究报告进行了进一步的修改、充实和完善，并将外宾观点

和研究报告摘要部分翻译了中英文两个文本，便于国内外朋友参考。现在奉献在大家面前的就是研讨会演讲专家和编辑组成员们在过去几个月中共同辛勤劳动的成果。

在这本文集行将付印出版之际，我要特别感谢舒惠好副司长对我们工作的大力支持。舒司长从百忙之中亲临研讨会发表高屋建瓴的演讲，既表达了财政部对数字联通"一带一路"相关问题的高度重视，也为我们进一步开展数字联通"一带一路"相关工作提供了重要的指导。我也要感谢我的老朋友中国交通集团财务资金部副总经理连敏先生、京东集团副总裁蔡磊先生、中国电建集团海外投资有限公司副总经理、总会计师李铮女士等所有演讲专家的支持。无论是研究工作的开展还是研讨会的组织，抑或是这本文集的编辑出版，都是精诚合作、协同努力的结果。我也要借此机会对担任本书联合主编的白容（Helen Brand）、刘明华、魏代森、付建华表示衷心感谢。我还要感谢立信会计出版社的编辑们为本文集出版付出的艰苦努力。最后，我要感谢为本书出版付出巨大努力的幕后英雄们，他们是ACCA 的梁淑屏、于翔天、钱毓益、朱晓云、赵蕾、唐文竹，德勤的 Jez Heath、任铮，浪潮集团的 Eric Kong Lee、杨良、薛军利、杨锦历、朱津萱、张新亮，用友网络的周钢战、任晓慧、曾明、李春影、毛鹏飞，以及上海国家会计学院的葛玉御博士、刘梅玲博士、李昕凝博士、刘晓强先生、傅秋莲女士和吕晓雷先生等。

"一带一路"倡议自提出以来，已经取得了丰硕的成果，还将取得更加丰硕的成果。"一带一路"在路上，倡议的推进需要会计界做出更加积极的努力和探索。我们期待着与各界朋友一起，精诚合作，共襄盛举，继续夯实会计基础设施，致力于"数字联通'一带一路'"，打造美好未来！

上海国家会计学院院长

李扣庆

二零一八年十二月十八日